AF642838

Peter Hagen

DO IT YOURSELF IM GARTEN

PETER HAGEN

DO IT YOURSELF IM GARTEN

33 PROJEKTE VOM HOCHBEET BIS ZUM TOMATENHAUS

MIT ZEICHNUNGEN VON SUSANNE DINKEL

Ulmer

INHALT

EINLEITUNG: SO KLAPPT'S 6

SO MACH ICH'S MIR GEMÜTLICH 14

Selbst entworfene Bretterzäune 18
Gartentor – Hereinspaziert 22
Torbogen mit Clematisranken 26
Fantasievolle Wegbeläge – laufend anders 30
Terrasse – Sommersitz 32
Miniteich im Fass 36
Praktischer Klapptisch 40
Neugierbremse – mobiler Sichtschutz 44
Sitzgelegenheiten – spontan und einfach 46
Bank rund um den Baum 48
Trinkbar – natürlich kalt 52

NÜTZLICHES FÜR DIE GARTENARBEIT 56

Rankhilfe für einjährige Kletterpflanzen 60
Staudenstütze 62
Brombeerstütze 64
Abdeckung für den Frühbeetkasten 66
Wetterschutz für Tomaten 68
Schutz vor Ernteräubern 70
Beeteinfassung aus Weidenruten 72
Variabler Schlauchumlenker 74
Paletten-Topfpflanzengarten 76
Paletten-Kräuterwand 78
Kräuterspirale aus Naturstein 80
Hochbeet aus Holz 84
Wanderkomposter 88

Regenwassersammler 90
Pflanztisch Marke Eigenbau 94
Saatgutbox 98
Gartenwerkzeugkasten 100

KOMFORTABLES UND KÖSTLICHES FÜR GARTENMITBEWOHNER 102

Kleines, aber feines Insektenhotel 106
Meisenknödelhalter 108
Nistkasten für Piepmätze 110
Wohl temperiertes Ohrenzwickerhaus 112
Behagliches Igelquartier 114
Domizil für Fledermäuse 116

SERVICE 118

Bezugsquellen und Adressen 121
Zum Weiterlesen 121
Register 122

EINLEITUNG: SO KLAPPT'S

WER MACHT MIT?

Im Garten zu werkeln ist eigentlich eine tolle Sache, wenngleich es im Deutschen häufig mit Arbeit in Verbindung gebracht wird. „Ich gehe in den Garten arbeiten“ klingt nicht gerade nach Erholung. Unsere englischen Nachbarn, bekannt und beneidet wegen ihren gepflegten Gärten, sagen einfach „I go gardening“. Und schon ist die Arbeit erledigt – rein sprachlich zumindest. Denn natürlich muss auch ein Engländer zu Hacke und Spaten greifen und sicherlich wächst auch in Großbritannien das Unkraut schneller als es jedermann lieb ist.

Doch kann man sich durch Selbstgebautes und Selbstkonstruiertes das „gardening“ wesentlich erleichtern. Gut geplant kommt man damit seinem eigenen Paradiesgarten ein gutes Stück näher. Zunächst heißt es jedoch: Ideen sammeln, viel sehen, viel hören, viel lesen, Geduld und ein wenig handwerkliches Geschick. Sich vor der Umsetzung zu fragen: Passt das wirklich in meinen Garten?, kann auch nicht schaden. Das vorliegende Buch soll hierbei eine kleine Hilfe sein.

DO IT YOURSELF

Einige der im Buch beschriebenen Dinge könnte man durchaus als fertiges Produkt in einem Gartencenter oder Gartenfachmarkt käuflich erwerben. Man spart in jedem Fall Zeit und vielleicht auch Geld. Allerdings sind die Sachen weniger originell. Und es gibt doch nichts Schöneres, als seinen Garten im Do-it-Yourself-Verfahren individuell zu gestalten.

Alle vorgestellten Projekte sind im Lauf der Zeit geplant und gebaut worden und befinden sich in meinem eigenen Garten. Dabei gingen der eigentlichen Umsetzung Überlegungen bezüglich Material, Werkzeug und einfachem Nachbauen voraus. Die beschriebenen Projekte sind als Anregung gedacht, seinen eigenen Garten mit Selbstgemachten zu bereichern.

WERKZEUG – WAS MAN HAT

Bei allen Projekten in diesem Buch finden Sie jeweils eine kleine Auflistung für das erforderliche Material. Die Werkzeugliste ist knapper gehalten, denn sicherlich verfügt jedermann über eine Grundausstattung von Werkzeugen und Maschinen, etwa Hammer, Zange, Meterstab, Bohrmaschine, Akkuschrauber oder auch ein kleines Schleifgerät. Gartenbesitzer werden auch Schubkarre, Schaufel, Rechen, Pickel und Spaten ihr Eigen nennen. Diese Dinge sind also nicht extra noch mal gelistet.

WERKZEUG – WAS MAN BRAUCHT

Bei ausgedehnten Schleifarbeiten macht ein Mundschutz Sinn.

Bei den meisten Projekten übersteigt die angegebene Werkzeugliste allerdings den Inhalt eines normalen Haushaltswerkzeugkastens. So wird beispielsweise eine gute Säge wie ein Fuchsschwanz (Länge 450/550) benötigt. Einen rechten Winkel aus Metall braucht man, wenn man verschiedene Rahmen zusammenbauen will. Damit alles im Lot steht, wäre eine Wasserwaage, gelegentlich auch eine Richtlatte, eine gute Investition. Mit einer Gehrungsschneidlade lässt sich ein 45°-Winkel zuschneiden. Unbedingt haben sollte man einen Satz Metallbohrer und ganz wichtig, ein Holzbohrer-Satz von 2–12 mm. Diese Bohrer besitzen eine Spitze, die ein punktgenaues Ansetzen ermöglicht. Ebenfalls notwendig ist ein Schraubensenker, der nach dem Vorbohren zum Einsatz kommt. Er erweitert das Bohrloch, in dem später der Schraubenkopf versenkt wird, was sehr vorteilhaft ist. Einerseits sieht die Verschraubung schlichtweg besser aus, andererseits besteht beim Schraubensenken nicht die Gefahr, dass das Holz reißt. Zweckmäßig wäre auch ein Satz unterschiedlich langer Schraubzwingen, die man bei Montagearbeiten für kurzfristiges Fixieren benötigt. Last but not least zwei Arbeitsböcke oder eine simple, evtl. klappbare Werkbank mit Klemmvorrichtungen, die sich bestens zur Bearbeitung von längeren Holzstücken oder zum Biegen von Metallkleinteilen eignet. Zum Werkzeug sei noch angemerkt, dass man beim Kauf auf Qualität achten sollte. Billigwerkzeuge vermitteln zwar rein optisch Qualität, doch erlebt man mit ihnen nach nur kurzem Einsatz häufig böse Überraschungen. Also lieber gleich etwas mehr Geld ausgeben und ein Markenwerkzeug kaufen und sich über einen längeren Zeitraum daran erfreuen, bzw. damit arbeiten.

SPEZIALWERKZEUG – ANSCHAFFEN ODER LEIHEN?

Bei manchen Projekten ist auch Spezialwerkzeug gefragt. Nun hat nicht unbedingt jeder eine Kappsäge, die für Winkelschnitte erforderlich ist, zu Hause. Und es sei dahingestellt, ob es sich wirklich lohnt, sich für ein einmaliges Bauvorhaben so eine teure Maschine anzuschaffen. Vielleicht wäre es sinnvoller, einmal im Bekanntenkreis nachzufragen, ob man sich die Maschine kurzfristig ausleihen kann. Darüber hinaus bieten Sägewerke und die meisten Baumärkte beim Holzkauf gleich den passenden Holzzuschnitt gegen einen geringen Aufpreis.

HOLZ – ZERTIFIZIERT UND SCHÖN GEMASERT

Beim Holzkauf selbst gibt es einiges zu beachten. Grundsätzlich sollte man Holz nur dort kaufen, wo gewährleistet ist, dass es sich bei dem angebotenen Material um Holz aus „sauberem“ Anbau und Produktion handelt.

Das mit dem FSC-Siegel versehene, zertifizierte Holzmaterial stammt aus kontrollierten, nachhaltigen Beständen. Dieses Holz mag zwar ein wenig teurer sein, schützt aber die Umwelt. Wählen Sie nach unterschiedlichen Holzarten aus – alle gängigen Holzarten sind inzwischen mit FSC-Siegel auf dem Markt erhältlich. Bedenken Sie auch, dass nicht jedes kleine Projekt gleich aus wertvollen Hart- oder gar Edelhölzern entstehen muss. Häufig reichen Fichte oder preiswertes Kiefernholz. Wenn immer möglich, verzichten Sie auf tropische Hölzer. Der nach wie vor weltweite Handel mit Tropenhölzern hinterlässt unübersehbare Spuren, die die Natur in den Anbauregionen schädigen. Dabei gibt es bei uns in Europa so fantastische Hölzer wie die Lärche, Akazie, Douglasie oder auch die Buche, die sich allesamt durch eine sehr lange Haltbarkeit auszeichnen. Verwendet man Kesseldruck imprägniertes Holz, erhöht sich die Haltbarkeit um ein Vielfaches. Dieses Holz empfiehlt sich für Pfosten, die ins Erdreich versenkt werden.

Auch wenn Sie preiswertes Holz in einem Baumarkt erwerben, achten Sie auf die Qualität. Dachlatten, Bretter oder Balken und Kanthölzer sollten Sie immer auf Astlöcher hin in Augenschein nehmen. Ebenso wichtig ist der natürliche Verlauf des Holzes (Güte). Manchmal wurde das Holz zu schnell getrocknet oder auch falsch gelagert. Das führt dann zum gefürchteten Verwerfen, Verdrehen und Verbiegen des Holzmaterials.

Wer Holz mit solch einem „Label“ kauft, der tut was für die Umwelt.

Die Oberflächen von „Bauholz“ sind sehr unterschiedlich. Bei den Projekten werden Leimholzplatten, Baudielen, sägeraue und gehobelte Bretter oder Kanthölzer verarbeitet. Um die Haltbarkeit des Holzes zu gewährleisten, sollte die Lasur an Schnittstellen mindestens zweimal hintereinander mit einem flachen Pinsel aufgetragen werden. Und bei der Verwendung von Paletten sollten Sie auf das Herkunftsland achten. Beispielsweise sind Holzpaletten aus den USA stark mit Fungiziden und Pestiziden belastet. Bei heimischen und europäischen Paletten ist der Einsatz von Umweltgiften verboten.

Angeschliffenes Holz zeigt sofort die Schönheit seiner Maserung.

SCHRAUBEN – MIT ABSTAND UND PROFIL

Bei allen Projekten, bei denen Spanplattenschrauben verarbeitet werden, sollte auch Wert auf die Qualität der Schrauben gelegt werden. Gegebenfalls kaufen Sie die teureren Torx-Edelstahlschrauben. Wegen Ihres sternförmigen Schrauben-Mitnahmprofils lassen sie sich besonders gut verarbeiten. Ein Vorteil, den Sie schnell zu schätzen lernen, gibt es bei einigen Projekten doch viel zu schrauben. Zeichnen Sie gerade hier alle Bohrlöcher sehr sorgfältig auf und halten Sie Abstand zu benachbarten Schrauben, damit es keine Kollisionen gibt.

FARBEN UND LASUREN – GUT BERATEN

Bei den meisten in diesem Buch beschriebenen Projekten wird Holz in den unterschiedlichsten Arten, Formen und Qualitäten verarbeitet. Wird Holz im Freien bzw. im Garten verwendet, ist es zwangsläufig ganzjährig den Witterungseinflüssen ausgesetzt. Daher sollte es gegen Nässe, Eis und Schnee, aber auch Sonne und Hitze geschützt werden, damit es nicht vorzeitig altert oder kaputt geht. Die Auswahl an Farben, Lacken und Lasuren ist sehr groß und für den Laien schwer überschaubar. Das macht die richtige Auswahl mitunter zur Qual. Scheuen Sie nicht eine gute Fachberatung.

TIERE IM GARTEN – PRODUKTE OHNE CHEMIE

Als Gartenbesitzer und Naturfreund sollte man auf alle Produkte, die mit giftigen Lösungsmitteln gegen Pilze u. a. versetzt sind, freiwillig verzichten und stattdessen zu umweltfreundlichen Produkten greifen. Farben und Lacke auf Acrylbasis, die sich mit Wasser verdünnen lassen, sollten bevorzugt werden. Gerade bei Futterstationen und Nistkästen sind lösungsmittelfreie Anstriche besonders wichtig. Hier greift man am besten zu Bio-Holzlasuren. Diese sind in der Anwendung gut und werden ähnlich verarbeitet.

UND JETZT VIEL SPASS!

Erlauben Sie mir abschließend noch ein paar Tipps zur Qualität von Selbstgebautem. Planen Sie jedes einzelne Projekt, das Sie verwirklichen wollen, sorgfältig durch. Fertigen Sie gegebenenfalls eine Skizze an. Besorgen Sie sich im Vorfeld alle Materialien und Werkzeuge, die Sie benötigen. Bevor Sie mit der eigentlichen Montage beginnen, sollten alle Bauteile so vorbereitet sein, dass sie nur noch zusammengebaut werden müssen. Folgen Sie Schritt für Schritt der Bauanleitung. Arbeiten Sie langsam und bedächtig. Holen Sie sich Hilfe, wenn es darum geht, etwas zu halten oder für andere kleine Notwendigkeiten.

Achten Sie bitte auf Sicherheit, insbesondere beim Gebrauch von schnell drehenden Maschinen wie Säge, Bohrer oder Akkuschrauber. Von ihnen geht eine hohe Verletzungsgefahr aus.

Bleibt zum Schluss nur noch zu sagen: Ich wünsche viel Erfolg bei der Umsetzung!

Peter Hagen

Mit so einer schicken Schubkarre lassen sich alle Werkzeuge mühelos transportieren.

SO MACHE ICH ES MIR GEMÜTLICH

Hinter Gartenzaun und Tor verstecken sich viele Basteleien, die es zu entdecken gilt. Treten Sie ein und sehen Sie selbst …

Ein selbst entworfener Bretterzaun ist etwas ganz Individuelles und kann überaus dekorativ sein. → **18**

Auch sind die meisten Gartentore von der Stange. Warum nicht einmal ein ausgefallenes Tor bauen, das schon das Betreten des eigenen Gartens zum Erlebnis macht. Seite → **26**

Ein Torbogen mit duftenden und farbenfrohen lianenähnlichen Rankpflanzen im Eingangsbereich ist der Hingucker schlechthin, den man gern durchschreitet. An anderer Stelle im Garten wirkt dieses Rankgerüst für Kletterpflanzen nicht weniger geheimnisvoll. Seite → **60**

Recht langweilig dagegen sind die meisten Gartenwege, weil sie fast ausschließlich geradlinig verlaufen und nur aus einem einzigen Material, etwa Betonplatten, gefertigt sind. Um fantasievolle, abwechslungsreiche Wege zu verlegen, braucht es nur ein kleines bisschen Mut. Seite → **30**

Auf einer kleinen Terrasse oder einem länglichen Holzdeck unmittelbar am Haus, leicht erhaben über der Rasenfläche, kann man Gartenmöbel aufstellen und in geschützter Umgebung die Freizeit genießen. Das Zimmer im Freien ist im Sommer der ideale Ort zum Entspannen und die Seele baumeln zu lassen. Seite → **32**

Ein Teich im Garten ist eine Oase der Ruhe, an der man gerne verweilt. Dabei ist nicht ihre Größe entscheidend. Schon ein Miniteich im Fass zaubert eine stimmungsvolle Atmosphäre auf Terrasse und sogar Balkon. Gerne nimmt man hierfür den nicht ganz unerheblichen Pflegeaufwand in Kauf. Seite → **36**

Keine Pflege braucht der Klapptisch. Im Gegenteil. Er ist unglaublich praktisch und platzsparend. Man stellt ihn einfach neben seinen Liegestuhl und nutzt ihn als Ablage für Zeitschriften, Kuchenteller und Kaffeetassen und Gläser für andere Getränke. Wird er nicht mehr gebraucht, klappt man ihn einfach zusammen. Er ist so überzeugend funktionell, dass man sich bald weitere Tischchen baut. Seite → **40**

Den mobilen Sichtschutz kann man an ganz unterschiedlichen Stellen im Garten anbringen. So schirmt er die Terrasse, Sitzplätze und andere Aufenthaltsorte im Garten vor den Blicken allzu neugieriger Mitmenschen ab. Seite → **44**

Eine selbst gebaute Bank rund um einen Baum ist etwas ganz Besonderes, das nicht jeder Gartenbesitzer sein Eigen nennt. Sie werden sich wundern, wie schnell die Bank besetzt ist. Seite → **48**

Sie werden es auch kaum für möglich halten, wo sich im Garten überall Möglichkeiten ergeben, einfache Sitzplätze zu errichten – beispielsweise als Aussparung innerhalb einer Trockenmauer o. Ä. Ein wenig handwerkliches Geschick und die passende Idee, und schon ist der Sitzplatz fertig. Seite → **46**

So ein Aufenthalt im Garten macht natürlich durstig. Was hilft da besser als ein erfrischendes Getränk aus der Erdkühlbox. In der Kühlbox mit natürlicher Kühlung lassen sich Getränke unter der Grasnarbe lagern, wobei man die Ausstattung sehr variabel gestalten kann. Seite → **52**

SELBST ENTWORFENE BRETTERZÄUNE

ZEIT
3 Stunden für ein Zaunelement mit 3 m Länge

BAU
einfach

MATERIAL

- 4 Holzpfosten (angespitzt) 6 x 6 x 150 cm
- 2 Zaunriegel 2,8 x 7 x 300 cm
- 12 Glattkantenbretter (gehobelt) 1,5 x 14 x 130 cm
- 8 Spanblatten-schrauben 4 x 60 mm
- 48 Edelstahl-Spanblattenschrauben 4 x 35 mm

WERKZEUG

- Stichsäge
- Vorschlaghammer
- 2 Mauerschnüre

- Spannen Sie an der Grundstücksgrenze zunächst eine Maurerschnur für den Richtungsverlauf Ihres Zauns.
- Schlagen Sie den ersten Holzpfosten (vorab angespitzt oder gleich mit Spitze gekauft) mit dem Vorschlaghammer 30 cm senkrecht in den Boden und überprüfen Sie den genauen senkrechten Stand mit der Wasserwaage.
- Setzen Sie nun im Abstand von 3 Metern, parallel zum ersten Pfosten, einen weiteren Pfosten, den Sie ebenfalls 30 cm tief in den Boden schlagen und mit der Wasserwaage ausrichten.
- Jetzt spannen Sie eine zweite Maurerschnur. Diese befestigen Sie mit einem Nagel auf der Oberkante des ersten Pfostens und spannen sie zum anderen Pfosten, auf dessen Oberkante Sie die Schnur ebenfalls mit einem Nagel fixieren. Die zweite Maurerschnur markiert die Höhe für die beiden noch fehlenden Pfosten, die Sie in einem Abstand von jeweils 92 cm zu den bereits gesetzten Pfosten in den Boden schlagen.
- Überprüfen Sie noch einmal den genauen Stand aller Pfosten mit der Wasserwaage.
- Danach schrauben Sie jeden Zaunriegel mit jeweils 2 der 8 Spanplattenschrauben an die Holzpfosten. Der erste Zaunriegel wird etwa 20 cm über dem Erdboden, der zweite 30 cm unter dem oberen Pfostenende angebracht. Nun ist das Grundgerüst des 3 Meter langen Zauns fertig. Bei nachfolgenden Zaunstücken verändert sich die Anordnung der Zaunriegel. Sie werden im Wechsel mal oberhalb, mal unterhalb des vorausgegangenen Zaunriegels befestigt, siehe Zeichnung Seite 20.
- Nun werden die individuellen Zaunbretter vorbereitet, sodass sie nur noch auf die Zaunriegel geschraubt werden müssen.
- Hierzu fertigen Sie eine Pappschablone mit Ihren Motiven, übertragen sie mit Bleistift auf die Bretter und sägen sie mit der Stichsäge aus. Die Motive sollten nicht zu kleinteilig sein, sonst wird das Aussägen schwierig.
- Schleifen Sie alle Kanten sorgfältig mit einem Handschleifgerät oder Sandpapier nach.

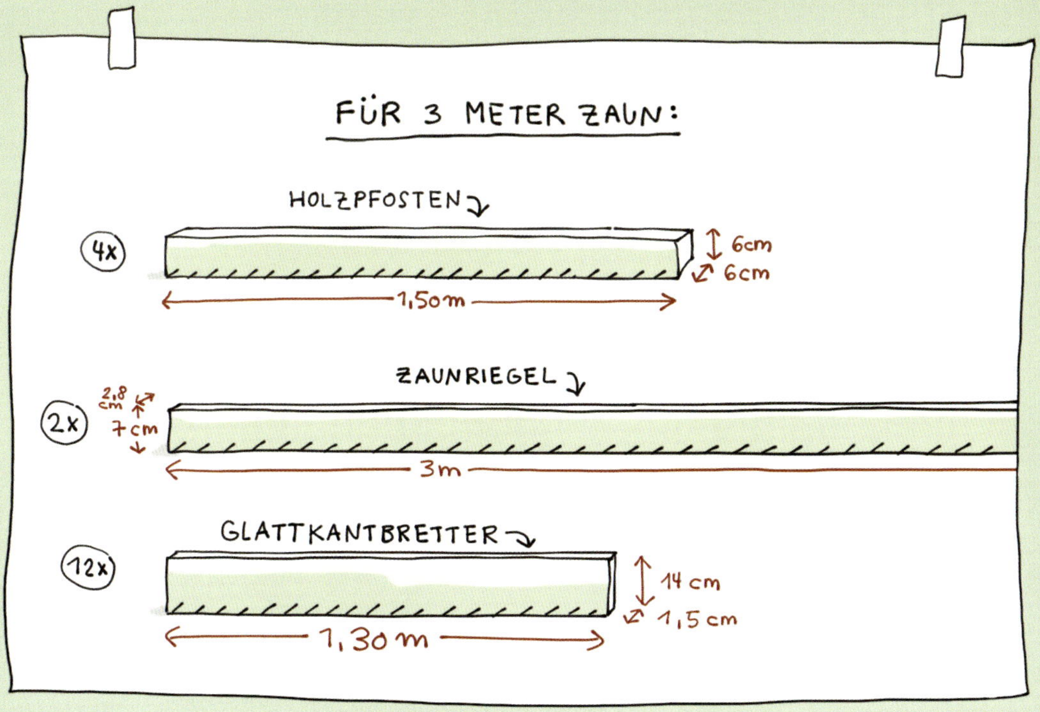
FÜR 3 METER ZAUN:
HOLZPFOSTEN
4x
6cm
6cm
1,50m
ZAUNRIEGEL
2x
2,8 cm
7cm
3m
GLATTKANTBRETTER
12x
14 cm
1,5 cm
1,30m

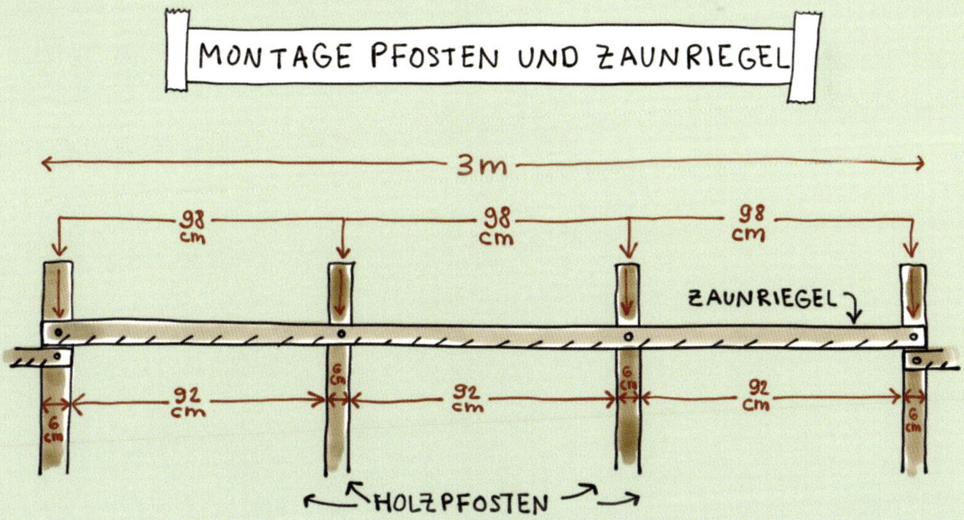
MONTAGE PFOSTEN UND ZAUNRIEGEL
3m
98 cm
98 cm
98 cm
ZAUNRIEGEL
92 cm
92 cm
92 cm
6 cm
6 cm
6 cm
6 cm
HOLZPFOSTEN

MONTAGE ZAUNBRETTER

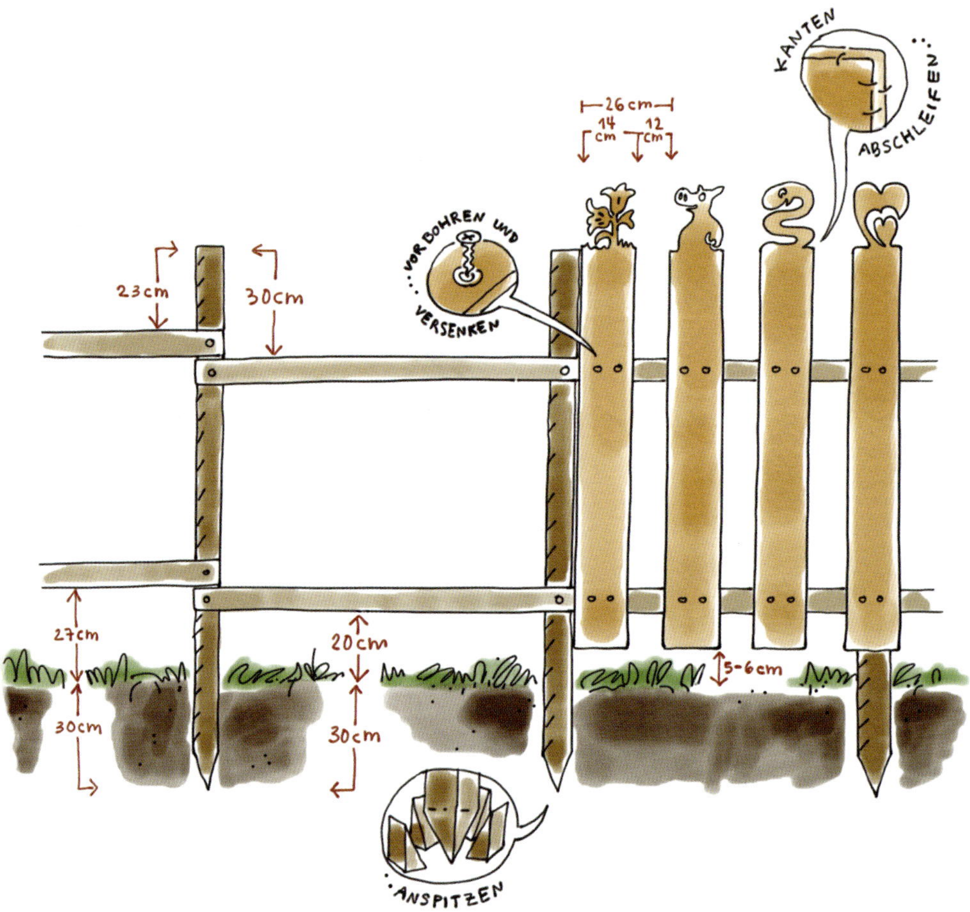

Es ist sinnvoll, die unterschiedlichen Elemente des Holzzauns vor dem Zusammensetzen mit einer Holzlasur zu streichen. Dann dauert die Fertigstellung des Zauns allerdings etwas länger.

- Markieren Sie die jeweiligen Befestigungspunkte der Bretter. Berücksichtigen Sie hierbei, dass die einzelnen Zaunbretter mindestens 5–6 cm frei über dem Boden befestigt werden müssen. Bei jedem Zaunbrett werden 4 Bohrlöcher mit einem 4-mm-Holzbohrer vorgebohrt und mit einem Schraubensenker nachgebohrt.
- Schrauben Sie nun die vorgefertigten Zaunbretter an den Zaunriegeln fest. Der Bretterabstand sollte 12 cm betragen. Zusammen mit den 14 cm breiten Zaunbrettern ergibt das ein Maß von 26 cm. 12 Bretter reichen für ein 3 m langes Zaunstück.

VORLAGEN FÜR SCHABLONEN
1:10
VERGRÖSSERN:
AUSSCHNEIDEN:
AUF BRETT
ÜBERTRAGEN:

GARTENTOR – HEREINSPAZIERT

ZEIT
2 Stunden

BAU
einfach

- Sägen Sie zunächst die 4 Kanthölzer für den Torrahmen auf Gehrung im 45°-Winkel, verleimen Sie die Schnittstellen und verschrauben Sie die Kanthölzer mit jeweils 1 Edelstahl-Spanplattenschraube 4 x 50 mm.
- Stabilisieren Sie den Rahmen zusätzlich, indem Sie an allen vier Ecken der Rahmeninnenseite einen Breitwinkel (40 x 40 mm) mit jeweils 4 Schrauben 5,0 x 30 mm befestigen.
- Fügen Sie nun in einem Abstand von 20 cm von der inneren Rahmenkante jeweils ein Querholz (Kantholz, 92 cm) ein und verschrauben Sie es mit dem Rahmen. Anschließend streichen Sie diesen mit einer Holzlasur Ihrer Wahl.
- Während der Holzrahmen trocknet, erstellen Sie die Dekorbretter für Ihr ganz persönliches Gartentor. Fertigen Sie je nach Motiv eine Schablone aus Karton an, die Sie für die 5 Bretter verwenden können (siehe Seite 25).
- Legen Sie die Schablone auf die dünnen Buchenholzbretter und ziehen Sie die Konturen mit einem Bleistift nach.
- Sägen Sie die Motive mit einer Stichsäge aus und runden Sie die scharfen Sägekanten mit einem Hobel oder Sandpapier ab.
- Bohren Sie alle Schraubverbindungen mit einem dünnen Bohrer vor und einem Schraubenversenker flach nach. So verschwinden später die Schraubenköpfe in der Holzoberfläche.

MATERIAL

- 2 gehobelte Kanthölzer (Fichte) 4 x 6 x 100 cm
- 2 gehobelte Kanthölzer (Fichte) 4 x 6 x 92 cm
- 2 gehobelte Kanthölzer (Fichte) 4 x 6 x 75 cm
- 5 gehobelte Bretter (Buche) 1,5 x 15 x 100 cm
- 4 Breitwinkel 40 x 40 mm
- 16 Edelstahl-Spanplattenschrauben 5 x 30 mm
- 48 Edelstahl-Spanplattenschrauben 4 x 50 mm
- 2 Schlossschrauben 8 x 100 mm mit Unterlegscheibe und Hutmutter
- 4 Sechskant-Holzschrauben verzinkt, 6 x 30 mm
- 2 Ladenbänder 4 x 40 cm mit passenden Kloben
- 1 Gartentorriegel mit Aufnahme und entsprechenden Schrauben
- Holzleim, Holzlasur

WERKZEUG

- Stichsäge, Eisensäge
- Hobel/Schleifmaschine
- Arbeitsplatte mit Klemmvorrichtung
- 3-, 5- und 8-mm-Bohrer
- 10er- und 13er-Nuss
- 4 große Schraubzwingen

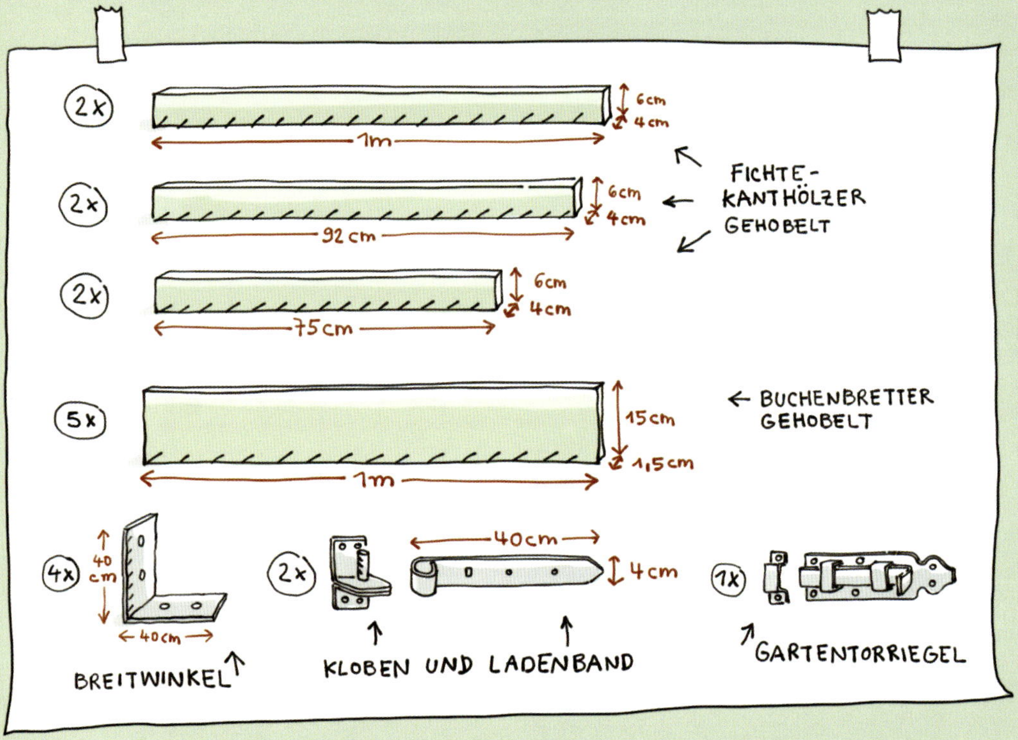
2x
6cm
4cm
1m
2x
6cm
4cm
92 cm
2x
6cm
4cm
75cm
FICHTE-
KANTHÖLZER
GEHOBELT
5x
15cm
1,5cm
1m
BUCHENBRETTER
GEHOBELT
4x
40 cm
40cm
BREITWINKEL
2x
40cm
4cm
KLOBEN UND LADENBAND
1x
GARTENTORRIEGEL

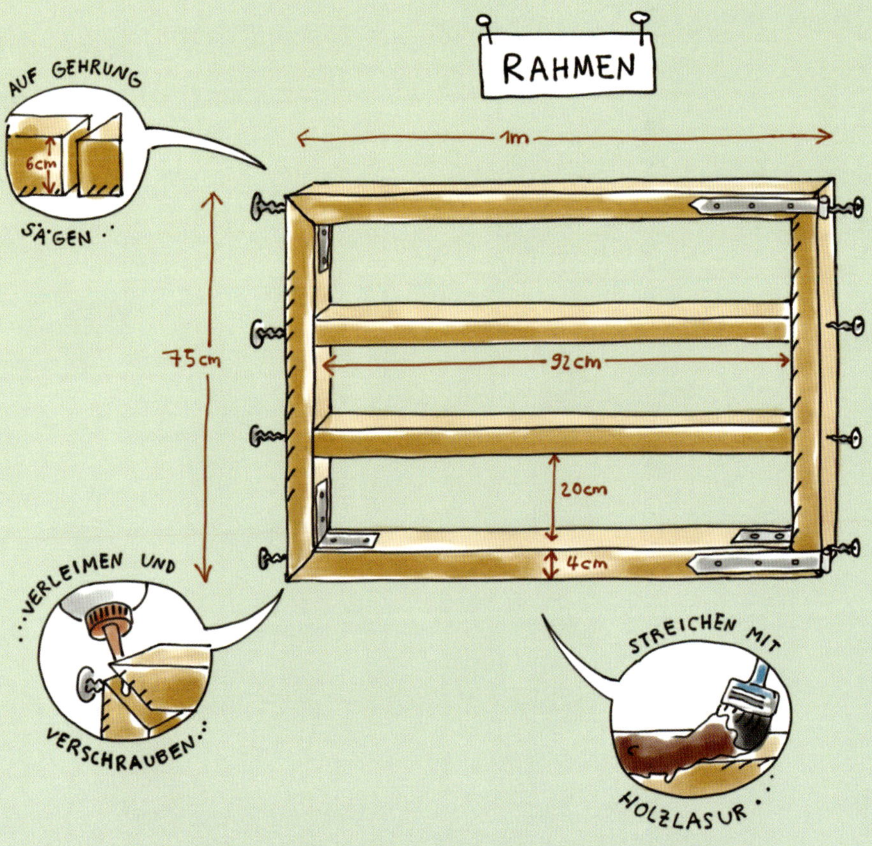
RAHMEN
AUF GEHRUNG
6cm
SÄGEN ..
1m
75cm
92cm
20cm
4cm
...VERLEIMEN UND
VERSCHRAUBEN..
STREICHEN MIT
HOLZLASUR ..

- Vor dem Verschrauben sollten die Dekorbretter mit der Holzlasur gestrichen werden. Danach verteilen Sie die fünf Bretter auf der Vorderseite des Holzrahmens.
- Jedes Dekorbrett muss mit jeweils zwei Schrauben im oberen und im unteren Rahmenholz und auf den zwei Rahmenquerverbindern verschraubt werden – das bedeutet acht Schrauben pro Brett.
- Bringen Sie nun auf der Rahmenrückseite oben und unten jeweils ein Ladenband an. Markieren Sie zunächst die drei Bohrlöcher pro Band. Die beiden runden Bohrlöcher für die Sechskant-Holzschrauben bohren Sie mit einem 5-mm-Holzbohrer vor. Das Bohrloch mit der Vierkantöffnung bohren Sie mit einem 8-mm-Bohrer durch, fixieren das Ladenband mit einer Schraubzwinge und stecken die 8er-Schlossschraube durch, die Sie auf der Rahmenvorderseite – auf dem Dekorbrett – mit Unterlegscheibe und Hutmutter befestigen. Sollte die Schraube etwas zu lang sein, wird die Schraubenlänge der Tiefe der Hutmutter angepasst und mit der Eisensäge gekürzt. Anschließend fixieren Sie das Ladenband mit den Sechskant-Holzschrauben (6 x 30 mm) auf der Rahmenrückseite.
- Fixieren Sie das Gartentor mit den vier Schraubzwingen an den Torpfosten (die zuvor gesetzt werden müssen bzw. schon existieren) und markieren Sie die Stellen am rechten Pfosten, an denen die 2 Kloben angebracht werden müssen. Die Kloben bilden die feste Achse, um die sich später das Tor dreht, d. h., das Tor benötigt einen Spielraum zum Pfosten. Bevor Sie die Kloben endgültig anschrauben, kontrollieren Sie noch einmal den genauen waagrechten Sitz des Tors mit der Wasserwaage.
- Das Gartentor kann nun eingehängt werden und ist funktionstüchtig.
- Zuletzt befestigen Sie den Tor- bzw. Schlossriegel am Gartentor und die Riegelschlaufe am linken Pfosten, wobei Sie die Gesamtverriegelung auf die von Ihnen gewünschte Höhe anbringen.

Wer beim Gartentorbau nicht so viel Zeit investieren möchte, kauft fertige Zaunlatten und befestigt diese anstelle der individuell gefertigten Dekorbretter. Das ist aber viel langweiliger.

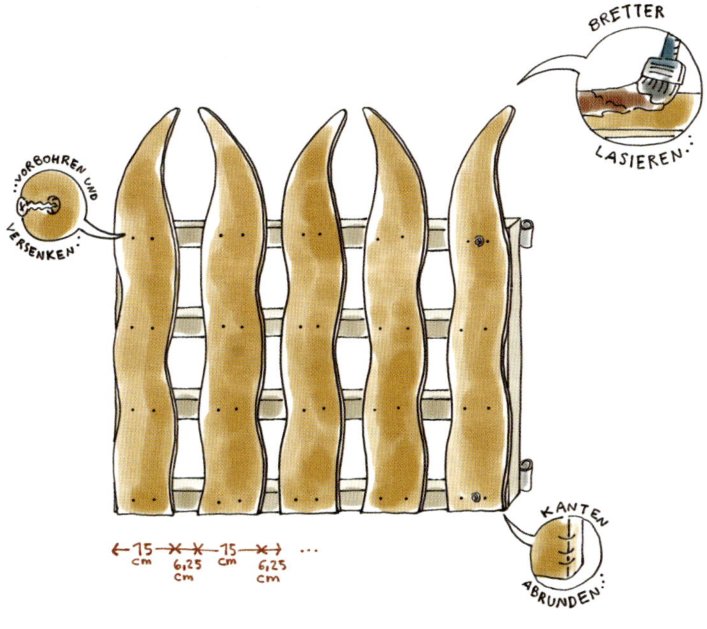

VORLAGEN FÜR DEKORBRETTER

TORBOGEN MIT CLEMATISRANKEN

ZEIT
6 Stunden

BAU
einfach

- Die passenden Clematisranken zu finden, wird sicherlich die meiste Zeit beim Bau des Torbogens in Anspruch nehmen. Zwar bieten Pflanzencenter viele farbenprächtige Sorten der beliebten Kletterpflanze, doch bis das Gerüst eingewachsen ist, wird es eine Weile dauern. Aber vielleicht haben Sie Glück, und jemand aus der Nachbarschaft, dem Freundes- oder Bekanntenkreis möchte seinen Garten umgestalten und hat eine „alte" Clematis abzugeben.
- Für das Torbogengerüst fertigen Sie zunächst den Abstandhalter aus den Dachlatten. Dazu werden die zwei kurzen Dachlattenstücke mit insgesamt 4 Spanplattenschrauben (4 x 80 mm) hochkant an die beiden langen Dachlatten geschraubt. Damit die Dachlatten beim Verschrauben nicht reißen, ist es ratsam, sie vorzubohren. Der Abstandhalter wird später auf die senkrechten Kanthölzer gesetzt.
- Legen Sie den fertiggestellten Abstandhalter auf den Boden: Seine Ecken markieren die äußeren Ecken der Einschlaghülsen. Die Spitze der Einschlaghülse muss um etwa 3,5 cm nach innen versetzt gesteckt werden.
- Schlagen Sie nun mit der Einschlaghilfe die Einschlaghülsen senkrecht in den Boden und kontrollieren Sie den Sitz nach jedem weiteren Schlag mit der Wasserwaage.

MATERIAL

- 2 Dachlatten 3 x 5 x 35 cm
- 2 Dachlatten 3 x 5 x 120 cm
- 4 Kanthölzer 6,8 x 6,8 x 220 cm
- 4 Einschlaghülsen 7,1 x 7,1 x 75 cm
- Einschlaghilfe
- 8 Schlüsselschrauben 8 x 60 mm
- 4 Spanplattenschrauben 4 x 80 mm
- 4 Spanplattenschrauben 4 x 100 mm
- 2 Clematisranken ø 3–4 cm, etwa 4,80 m lang
- Daumendicke Clematisranke, etwa 8 m

WERKZEUGE

- Bindedraht Werkzeug
- Vorschlaghammer
- 13er-Ringschlüssel
- Gartensäge

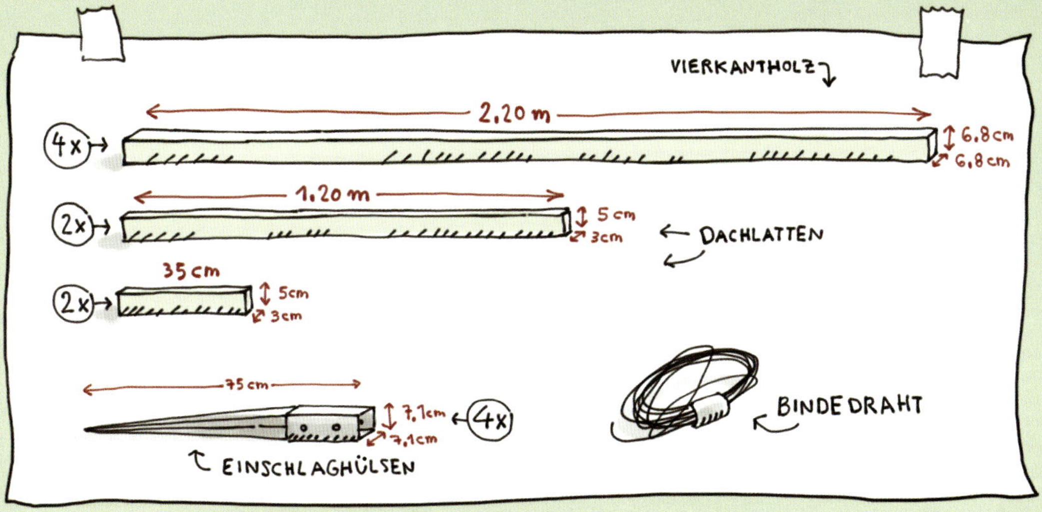

ABSTANDHALTER

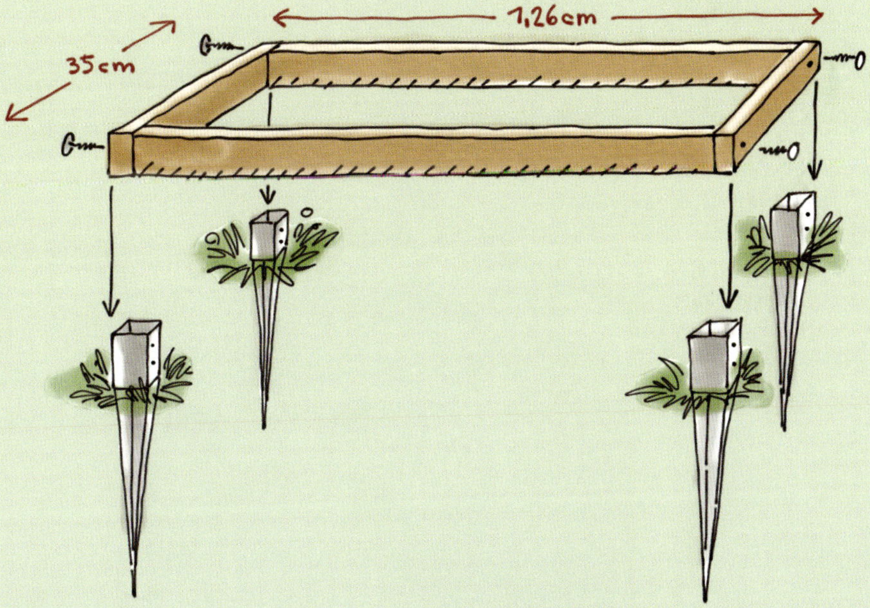

Legen Sie die Clematisranke über Nacht in ein Wasserbad das funktioniert, wenn Sie sie gleich nach der Ernte zu einer Rolle zusammenbinden. Am nächsten Tag sind die Ranken wesentlich elastischer und können leichter verarbeitet werden.

- Sobald alle vier Einschlaghülsen bis zum Pfostenschuh parallel und gleichmäßig tief im Erdreich sitzen, können die Kanthölzer eingesteckt und verschraubt werden. Benutzen Sie dafür je zwei Schlüsselschrauben; auf der einen Seite im oberen Loch, auf der anderen Seite des Pfostens im unteren Loch. Leichte Korrekturen für einen senkrechten Stand sind jetzt immer noch möglich. Achten Sie unbedingt darauf, dass die Kanthölzer dieselbe Höhe haben.
- Anschließend schrauben Sie den Abstandhalter mit 4 Spanplattenschrauben 4 x 100 mm von oben auf die Kanthölzer.
- Als nächsten Schritt streichen Sie alle Holzteile mit einer Holzlasur Ihrer Wahl.
- Sobald die Lasur getrocknet ist, können die Clematisranken am Gerüst befestigt werden. Dieser Arbeitsschritt gelingt am besten mit einer zweiten Person.
- Als erstes fixieren Sie eine der beiden 4,80 m langen Ranken so, dass sie am Boden aufsteht und mit einem Bindedraht an den Pfosten gebunden werden kann – jeweils im Abstand von etwa 30 cm. Oben angelangt, biegen Sie die Ranke vorsichtig, bilden einen großzügigen Bogen zum gegenüberliegenden Pfosten und binden sie solange alle 30 cm fest, bis die Ranke auch auf dieser Seite auf dem Boden aufsteht.
- Fixieren Sie die zweite lange Ranke auf die gleiche Weise. Beide Clematisranken sollten später dieselbe Bogenhöhe aufweisen.
- Schneiden Sie nun die daumenstarke Clematisranke in mehrere, 50 cm lange Stücke und binden Sie diese als Sprossen an die zwei dicken Rankenbögen.

BAUANLEITUNG

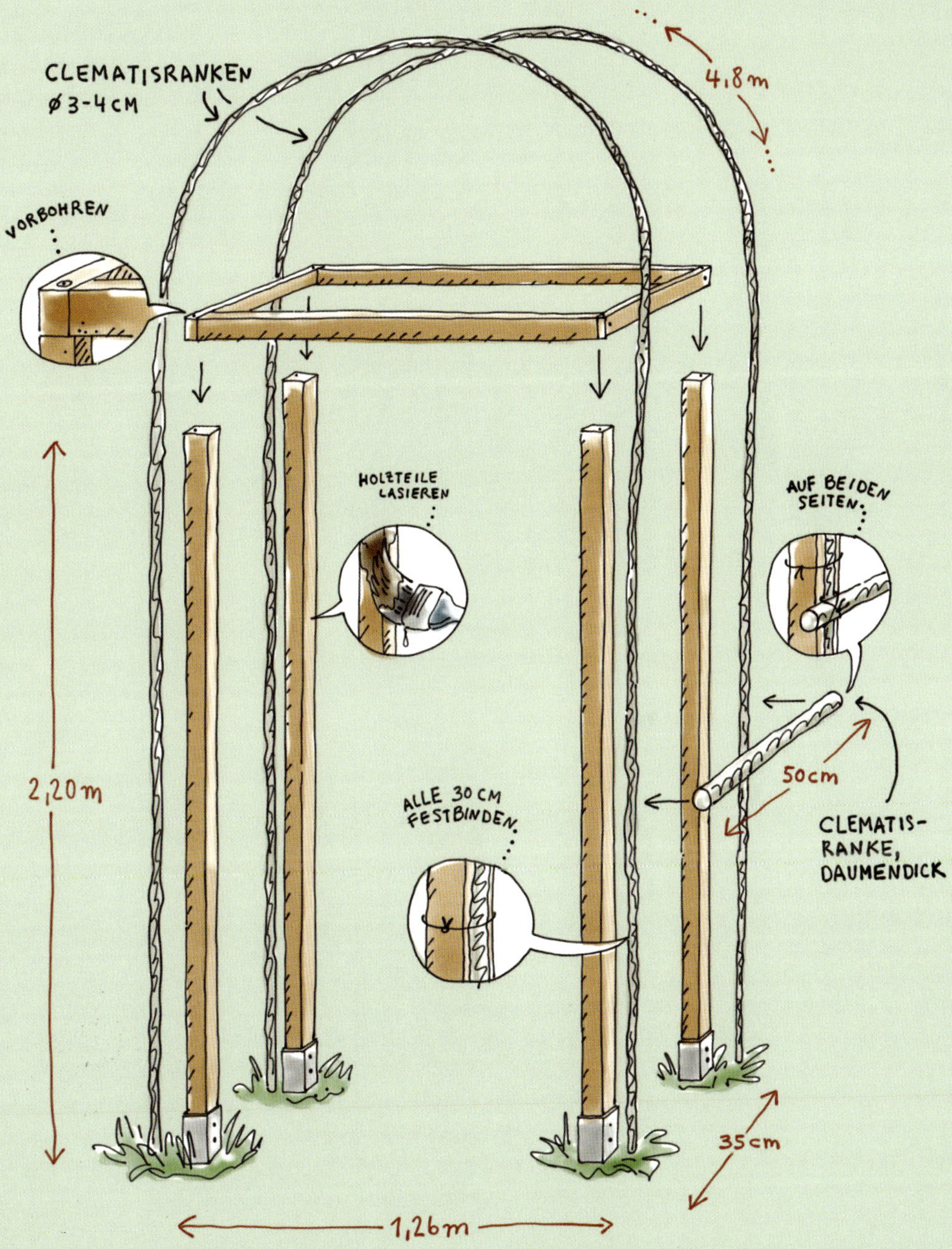

FANTASIEVOLLE WEGBELÄGE – LAUFEND ANDERS

ZEIT
je nach Länge des Weges

BAU
einfach

Bei der Wahl von geeignetem Material für den Wegebelag sind fast keine Grenzen gesetzt. Achten Sie lediglich darauf, dass die Oberflächen rau genug sind, damit der Gang durch den Garten bei Regen und Feuchtigkeit nicht zu einer gefährlichen Rutschpartie wird.

- Planen Sie den Verlauf des Wegs sehr gründlich, denn er ist ein wesentliches Gestaltungselement Ihres Gartens. Fertigen Sie eine maßstabsgerechte Zeichnung.
- Überlegen Sie, welches Material Sie verwenden möchten und berechnen Sie, wie viel Sie ungefähr benötigen. Verarbeiten Sie nicht mehr als drei unterschiedliche Materialien.
- Zeichnen Sie mit einem Pflanzholz o. Ä. den Wegverlauf grob auf dem Erdboden auf und legen Sie die gewünschte Wegbreite fest. Ein Hauptweg im Garten muss nicht breiter als 1 m sein. Beginnen Sie jetzt mit dem Aushub. Je nach Bodenqualität muss er nicht tiefer als 20 cm sein. Können Sie den Bodenaushub lagern oder muss er abgefahren werden?
- Füllen Sie nun eine 15 cm dicke Schotterschicht ein und stampfen diese mit einem Handstampfer, bei größeren Weglängen mit einem gemieteten Rüttler fest.
- Bringen Sie anschließend mit der Schaufel eine Ausgleichschicht aus Sand auf und verteilen Sie diese mit dem Rechen. Diese Schicht wird beim Verlegen aufgrund der unterschiedlichen Materialstärke von Ziegel, Betonplatten und Granit jeweils mit Maurer- und Glättekelle verändert.
- Nun geht es ans Verlegen. Wechseln Sie die Materialen unregelmäßig immer wieder ab. Achten Sie mithilfe der Wasserwaage auf den richtigen Sitz und schlagen Sie Platten und Steine wiederholt mit dem Gummihammer fest.
- Nach etwa einem Meter Verlegefläche bauen Sie zusätzlich auf beiden Seiten des Wegs eine Randbefestigung aus den Dachziegeln ein. Hierzu stechen Sie mit dem Spaten am Rand senkrecht eine halbe Spatentiefe in den Boden und setzen die Ziegel mit der Längsseite in diese Rille.
- Schlagen Sie den Dachziegel dann mithilfe des Gummihammers vorsichtig in den Boden, sodass er mit seiner Oberkante etwa 4 cm aus dem Boden schaut. Diese Kante verhindert, dass Gartenerde auf den Weg geschwemmt wird.
- Überprüfen Sie regelmäßig mit einer Richtlatte, ob der neu verlegte Weg eben ist und keine Mulden aufweist, in denen sich später Wasser sammeln kann.

MATERIAL

- z. B. Klinker- oder Pflastersteine, Betonplatten 30 x 30 cm
- Gebrauchte Dachziegel
- Schotter
- Grober Sand ohne Kiesanteil

WERKZEUG

- Handstampfer/Rüttler
- Maurerkelle, Glättekelle
- Richtlatte und Maurerschnur
- Fäustel und Pickel

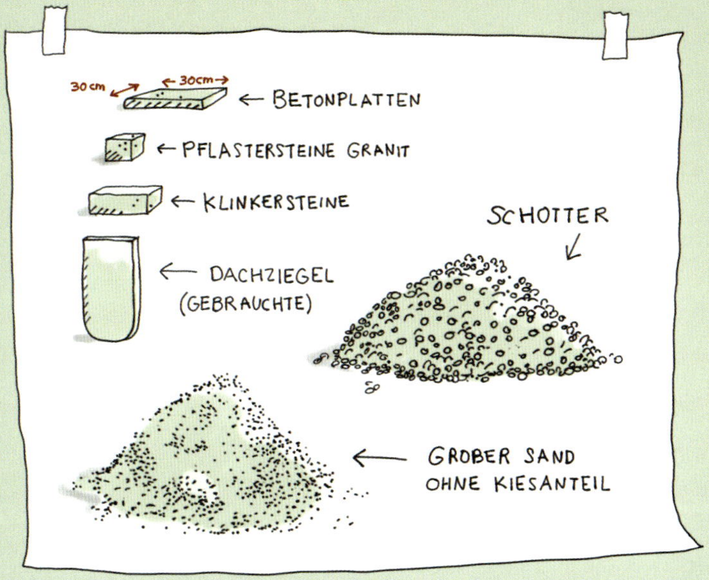
30 cm
30cm
BETONPLATTEN
PFLASTERSTEINE GRANIT
KLINKERSTEINE
DACHZIEGEL
(GEBRAUCHTE)
SCHOTTER
GROBER SAND
OHNE KIESANTEIL

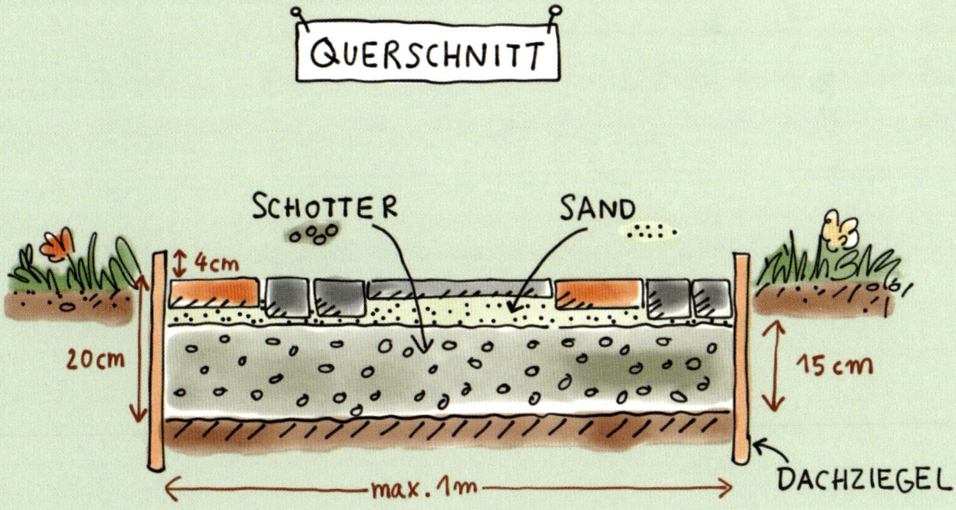
QUERSCHNITT
SCHOTTER
SAND
4cm
20cm
15 cm
DACHZIEGEL
max. 1m

TERRASSE – SOMMERSITZ

ZEIT
2 Tage

BAU
einfach

- Wählen Sie zunächst den geeigneten Standort für Ihren lauschigen Sitzplatz. Der Aushub muss wie beim Wege-Projekt zuvor nicht tiefer als 20 cm sein. Ebnen Sie die Fläche mit Pickel, Schaufel und Rechen sorgfältig ein und tragen Sie eine etwa 20 cm starke Schotterschicht 0/45 cm auf, die Sie anschließend mit einem Handstampfer verdichten sollten.
- Sägen Sie die Kanthölzer für die Unterkonstruktion auf Ihr gewünschtes Terrassenmaß und legen Sie die Hölzer zunächst auf die Seite. Berücksichtigen Sie dabei eine um 4 cm verkürzte Gesamtlänge für die später benötigte Abschlusskante der Terrasse.
- Messen Sie die gewünschte Höhe genau ein und spannen Sie als Markierung eine rote Maurerschnur an der Rasenkante der späteren Terrasse.
- Mischen Sie nun den Fertigbeton in der Schubkarre an und errichten Sie im Abstand von 50 cm kleine, identische, pyramidenförmige Punktfundamente in der Querrichtung. Sobald die erste Reihe steht, legen Sie das Kantholz auf und fixieren es mit dem Gummihammer auf die durch die Maurerschnur vorgegebene Höhe.
- Verfahren Sie so mit allen weiteren Punktfundamenten und messen Sie regelmäßig nach, damit alle Fundamente samt Kanthölzer am Ende auf einer einheitlichen Höhe liegen. Die Punktfundamente müssen in der Längs- und in der Querrichtung immer den gleichen Abstand aufweisen.
- Jetzt dürfen Sie einen Tag ausruhen. Und auch der Beton darf in Ruhe trocknen, damit die aufgelegten Kanthölzer fest liegen.

MATERIAL

- Schotter 0/45 cm
- Setz-Fix Schnellbeton
- Kanthölzer (Fichte) 4,5 x 7 cm
- Geriffelte WPC-Bretter (wood-plastic-composites), 14 cm breit
- Spezialschrauben
- Vorbohrer mit Fräser (wird meist beim Befestigungszubehör mitgeliefert)
- Clips mit Abstandhalter

WERKZEUG

- Handstampfer
- Richtlatte
- Kappsäge
- Gummihammer
- Fäustel
- Pickel
- Maurerschnur und -kelle

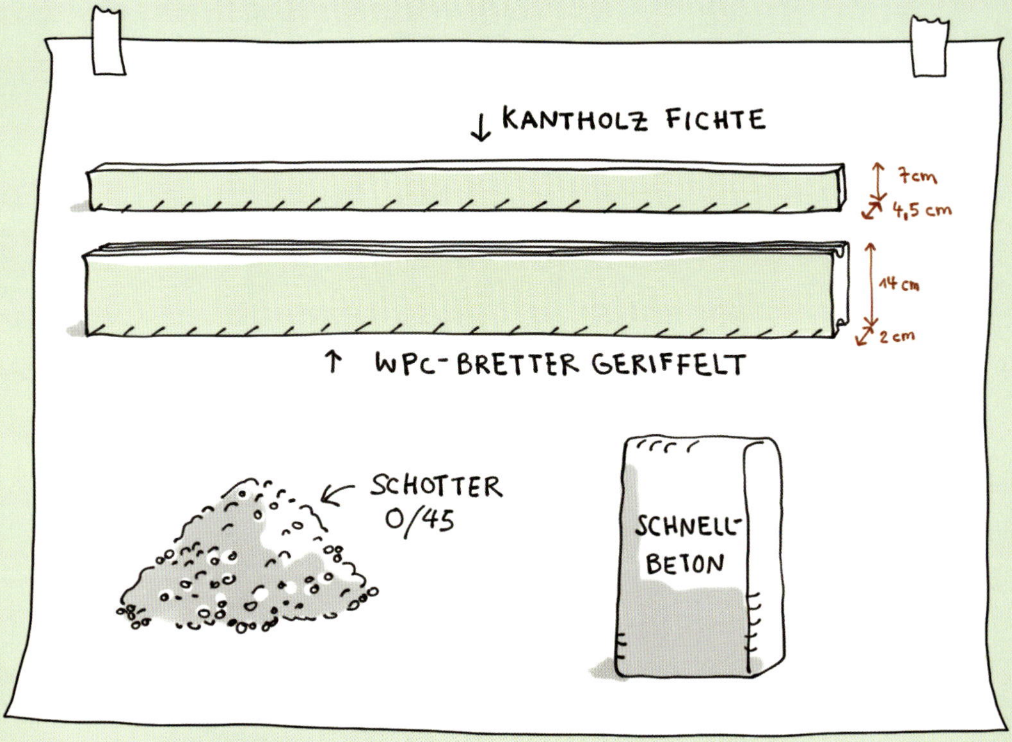
KANTHOLZ FICHTE
7cm
4,5 cm
14 cm
2 cm
WPC-BRETTER GERIFFELT
SCHOTTER
0/45
SCHNELL-
BETON

QUERSCHNITT
SEITLICHE
ABDECKUNG
WPC-BRETTER
KANTHÖLZER
FICHTE
PUNKT-
FUNDAMENT
BETON
20cm
50 cm
SCHOTTER

Übrigens: Wer das WPC-Material nicht mag, der kann auch Terrassendielen aus Holz verwenden. Diese werden ähnlich verarbeitet, jedoch sollten sie von Zeit zu Zeit nachbehandelt werden.

- Nach der Trocknungsphase können die WPC-Bretter verlegt werden. Sind die Einzelbretter kürzer als die Terrasse selbst, können sie auch versetzt verlegt werden, damit keine unschönen Kreuzfugen entstehen. In diesem Fall müssen die Brettlängen mit der Kappsäge so gesägt werden, dass die Enden jeweils auf die halbe Kantholzbreite der Unterkonstruktion zu liegen kommen.
- Richten Sie die Lage des ersten Bretts sehr genau aus, messen Sie mehrfach nach und korrigieren Sie, wenn nötig. Stimmt das erste Brett nicht, verläuft die gesamte Terrasse später schief.
- Stecken Sie nun einen Spezial-Clip in die Nut des WPC-Bretts und schrauben Sie es auf dem Kantholz genau mittig an.
- Drücken Sie nun das zweite Brett auf den bereits verschraubten Clip, der dann einrastet und verfahren Sie so mit allen weiteren Brettern. Die angeschraubten Clips fungieren gleichzeitig als Abstandhalter mit einem Zwischenraum von maximal 5 mm.
- Messen Sie zuletzt den Abstand zwischen der Unterkante der WPC-Abdeckung und der Schotterschicht und sägen Sie aus den restlichen Brettern eine entsprechend breite Verblendung. Diese befestigen Sie mit Edelstahlschrauben an der Stirnseite der Kantholzunterkonstruktion.
- Noch lauschiger wird so eine Terrasse, wenn man kleine LED-Bodenstrahler in die WPC-Bretter einbaut, die bei Dunkelheit ein magisches Licht erzeugen.

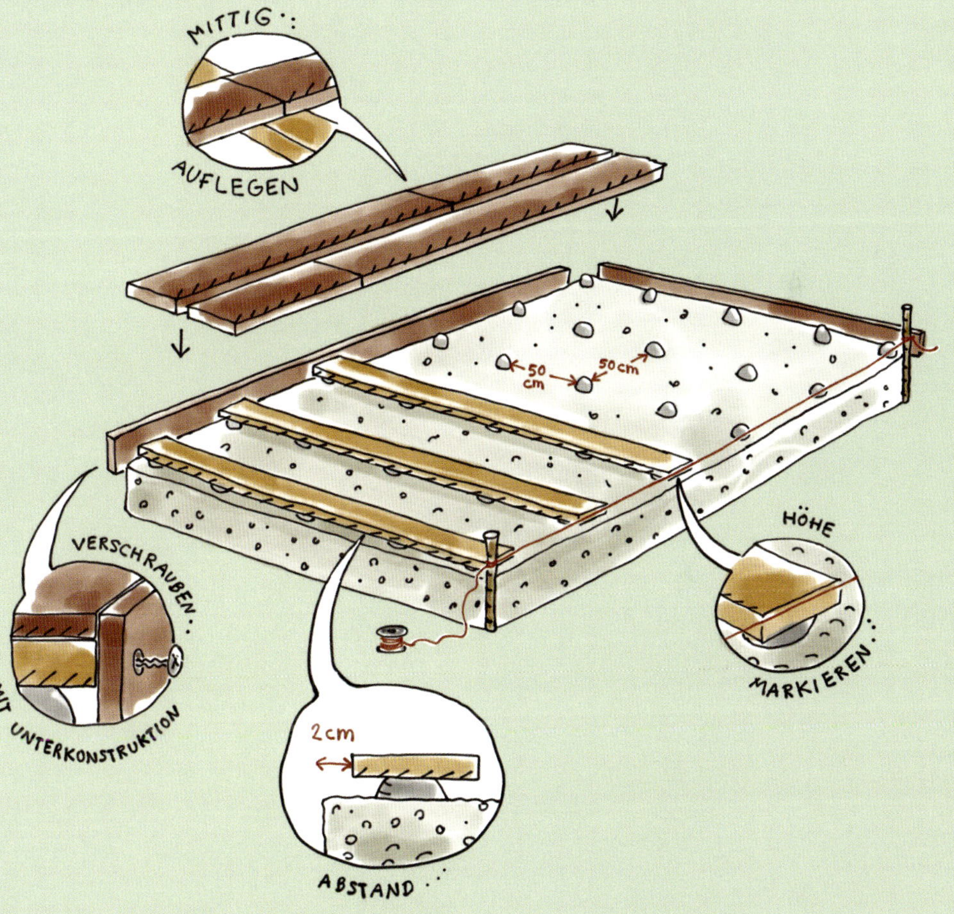
MITTIG ∶
AUFLEGEN
50 cm
50cm
HÖHE
MARKIEREN ∶
VERSCHRAUBEN ∶
MIT UNTERKONSTRUKTION
2cm
ABSTAND ∶

MINITEICH IM FASS

ZEIT
4 Stunden

BAU
einfach

Wem das Laminieren des Fasses zu kompliziert erscheint, der kann sich anstelle des Whiskyfasses auch einen Eichenholzkübel besorgen. Die sind zwar etwas höher, aber für jede Größe gibt es passende, wasserdichte Kunststoffeinsätze als Zubehör.

- Laminieren Sie zunächst die Innenwand des halbierten Fasses mit der Glasfasermatte – in der Regel reicht eine einlagige Beschichtung – und versiegeln Sie diese im Anschluss mit dem schwarz eingefärbten Topcoat.
- Warten Sie mit der Bepflanzung und der Dekoration etwa 2–3 Tage, dann ist die Versiegelung vollkommen ausgehärtet und die Ausdünstungen des Polyesterharzes haben nachgelassen.
- Bringen Sie das Fass zu seinem eigentlichen Standort.
- Schichten Sie in dem nun wasserdichten Fass die Betonsteine stufenförmig, sodass die Wasserpflanzen entsprechend ihrer benötigten Wassertiefe eingesetzt werden können.
- Gleichzeitig bauen Sie jetzt die kleine Pumpe sowie den Mini-LED-Unterwasserspot ein. Beachten Sie, dass die Pumpe und das Wasserspiel absolut senkrecht eingebaut werden müssen und keinesfalls direkt am Boden des Fasses stehen sollen.
- Bauen Sie die Pumpe auch so ein, dass sie für Wartungsarbeiten jederzeit zugänglich ist.
- Setzen Sie jetzt die Wasserpflanzen einschließlich ihrer kleinen Container direkt auf die Steine (siehe Zeichnung Seite 38). Falls einzelne Pflanzen zu tief sitzen, erhöhen Sie kurzerhand den Unterbau mit weiteren Betonsteinen.
- Berücksichtigen Sie bei Ihrem Pflanzschema auch dessen optische Wirkung: Platzieren Sie Zwerg-Rohrkolben in den Hintergrund, Seerose und kleinere Pflanzen in Mitte und Vordergrund des Teichs.
- Fixieren Sie die Pflanzen, indem Sie die kleinen Container mit Spielkastensand und gewaschenem Rheinkies bedecken. Das verhindert das Herauslösen der Pflanzen, wenn das Fass mit Wasser gefüllt wird.
- Dekorieren Sie nun das Fass mit den Zierkieseln und füllen es bis zur Oberkante mit Leitungswasser.

MATERIAL

- Altes, halbiertes Whiskyfass (z. B. vom Flohmarkt), ø 70–80 cm, 55–60 cm hoch
- Material zum Laminieren: Glasfasermatte, Polyesterharz, Härter und Topcoat schwarz
- 10–12 Betonsteine/Rechteckpflaster 20 x 10 x 6 cm
- 1 Sack Spielkastensand
- 25 kg gewaschener Rheinkies
- 8–12 verschiedenfarbige Zierkiesel, ø 15–25 cm, unterschiedlich groß
- 1 Teichpumpe mit Schaumsprudler
- 1 Mini-LED-Unterwasserspot

70-80 cm
55-60 cm
WHISKYFASS
GLASFASERMATTE
BETONSTEINE
20 cm
10 cm
6 cm
10-12x
8-12 STÜCK
ZIERKIESEL
RHEIN-KIES
25 kg
SPIEL-SAND
LED-SPOT
TEICHPUMPE

QUERSCHNITT
GLASFASER-
MATTE
ZIERKIESEL
TEICHPUMPE
LED-SPOT
BETON-
STEINE
RHEINKIES
SAND

NADEL-SUMPFSIMSE
BLUTWEIDERICH
GELBE SUMPF-SCHWERT-LILIE
ZWERG-SEEROSE

PFLANZTIEFE
ZWERG-ROHRKOLBEN
PFEILBLATT
BLUTWEIDERICH
GELBE SUMPF-SCHWERTLILIE
GEWÖHNL. IGELKOLBEN
NADEL-SUMPFSIMSE
HERZFÖRMIGES HECHTKRAUT
ZWERG-SEEROSE
cm
10
20
30
40
50

GEWÖHNLICHER IGELKOLBEN

PFEILBLATT

ZWERG-ROHRKOLBEN

HERZFÖRMIGES HECHTKRAUT

PRAKTISCHER KLAPPTISCH

ZEIT
4 Stunden

BAU
einfach

- Als Erstes bereiten Sie die 4 Tischbeine vor. Hierfür runden Sie die 66 cm langen Holzleisten mit einer Stichsäge ab und glätten die Rundungen mit Sandpapier. Legen Sie nun jeweils zwei Leisten aufeinander, die Sie mit Schraubzwingen fixieren und nach 30 cm mittig mit einem 5-mm-Bohrer durchbohren. Alle 4 Leisten haben nun ein Loch im Abstand von 30 cm zum unteren Ende.
- Bei zwei der Tischbeine bohren sie zusätzlich ein mittiges, durchgehendes Loch im Abstand von 15 cm zum unteren Tischbeinende. Bei den beiden anderen ein zusätzlich mittiges, durchgehendes Bohrloch im Abstand von 1,5 cm zum oberen Ende.
- Jetzt legen Sie die beiden 34 cm langen Buchenholzleisten mit der breiten Seite aufeinander, messen 1,5 cm von einem Ende nach innen und bohren mittig mit einem 5-mm-Bohrer durch. Danach stellen Sie die beiden Buchenholzleisten hochkant und bringen jeweils 3 Bohrlöcher mit gleichem Abstand an – mit genügendem Abstand zu der durchgehenden Bohrung.
- Danach verschrauben Sie jeweils eine 34 cm lange Buchenholzleiste und ein Tischbein (die mit den beiden Löchern ganz nah am Ende) lose miteinander, sodass sie beweglich bleiben: Sie stecken die Metall-Unterlegscheibe auf die Schraube (M4 x 100, Linsensenkkopf), die Sie erst durch die 34 cm lange Buchenholzleiste schieben, mit einer Kunststoff-Unterlegscheibe versehen und durch das Tischbein stecken und am anderen Ende mit Metall-Unterlegscheibe und Mutter verschrauben.

MATERIAL

- 1 Bambus-Platte 3 x 38 x 50 cm
- 4 Holzleisten (Buche) 3 x 2 x 66 cm
- 2 Holzleisten (Buche) 3 x 2 x 34 cm
- 1 Rundholz (Buche) ø 19 mm, 32 cm lang
- 1 Holzleiste 3 x 2 x 31 cm
- 2 Aluminium-Flachschienen 40 cm lang
- 4 Kunststoffunterlegscheiben 10 x 2 mm
- 4 Schrauben M4 x 100 mm mit Mutter und Unterlegscheiben
- 8 Spanplattenschrauben 4 x 40 mm
- 2 Spanplattenschrauben 4 x 20 mm
- 4 Spanplattenschrauben 4 x 10 mm

WERKZEUG

- Stichsäge
- 20-mm-Holzbohrer
- Schraubstock
- Sandpapier
- Holzlasur

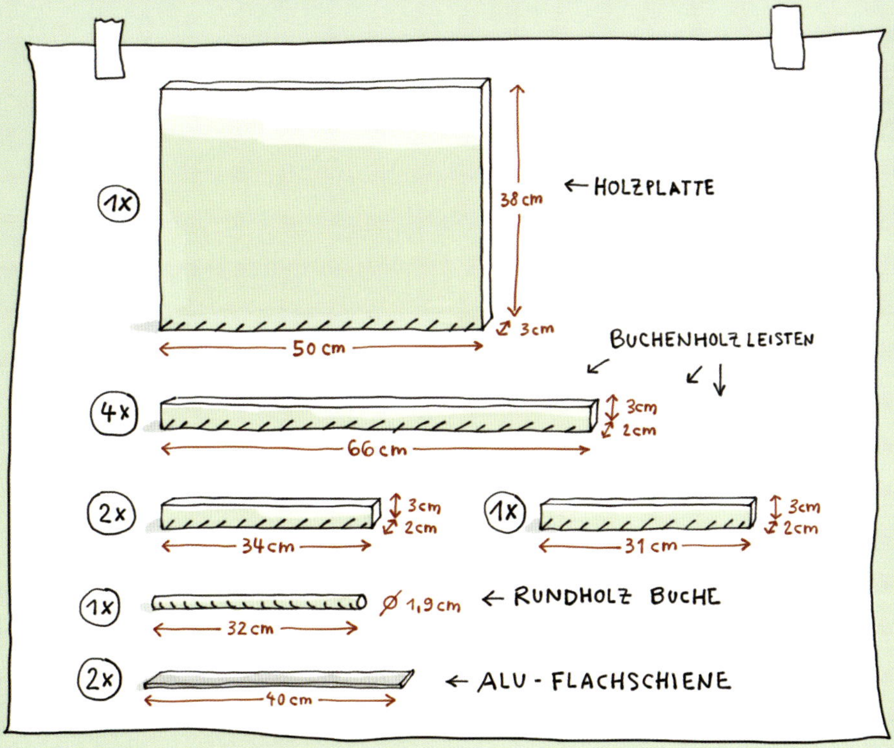

MOBILE TISCHBEINE

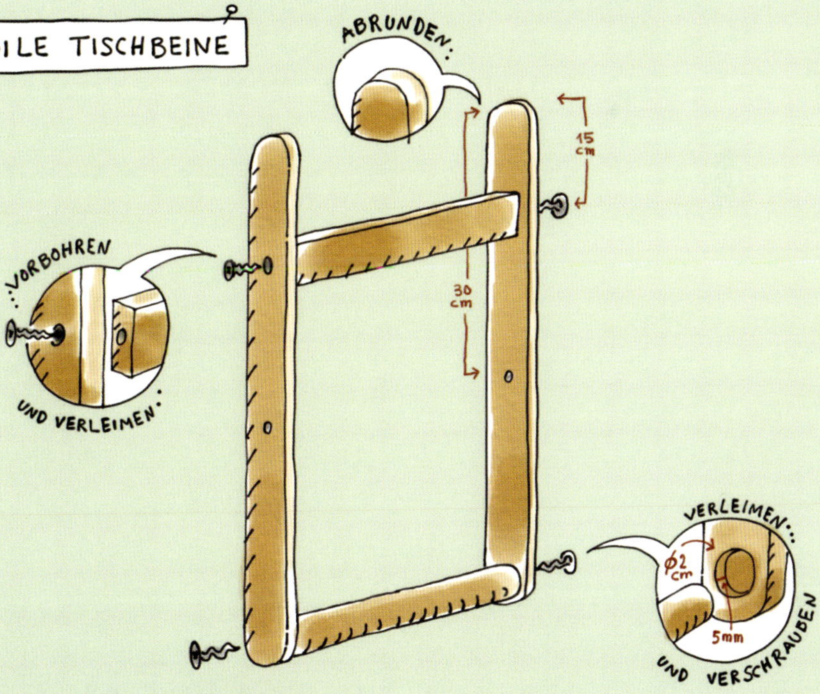

- Anschließend bauen Sie aus den beiden anderen Tischbeinen, dem Rundholz und der 33 cm langen Buchenholzleiste einen Rahmen zusammen. Bohren Sie hierfür am oberen Ende dieser Tischbeine mit einem 20-mm-Holzbohrer 5 mm tief in die Leisten, bestreichen Sie die Enden des Rundholzes mit Leim, stecken es ein und verschrauben Sie es mit je einer Schraube (4 x 20 mm) von außen. Danach wird die 33 cm lange Buchenholzleiste mit den Tischbeinen an deren 15-cm-Abstand-Bohrloch verschraubt (4 x 40 mm).

Statt der Bambus-Platte kann natürlich auch eine Buchenplatte verwendet werden.

- Für die Tischplatte runden Sie die vier Kanten mit einer Stichsäge ab und glätten die Rundungen mit Sandpapier.
- Messen Sie von den beiden Schmalseiten der Tischplatte jeweils 3 cm und von den beiden Längsseiten jeweils 2 cm nach innen, so erhalten Sie die „Linie", an der die 34 cm langen Buchenholzleisten – an die ja nun jeweils ein Tischbein geschraubt ist – befestigt werden sollen.
- Als Nächstes bestreichen Sie die schmale Seite dieser Buchenholzleisten mit Leim, setzen sie auf die Tischplatte und verschrauben sie mit jeweils 3 Schrauben (4 x 40 mm), die versenkt werden.

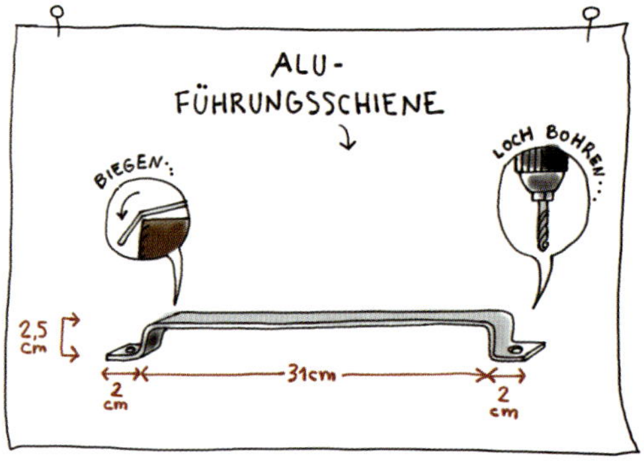

- Fertigen Sie nun mit den Aluminium-Flachschienen zwei bügelförmige Führungsschienen, die am Schraubstock so geformt werden, dass das Rundholz darin gleiten kann. Der Gleitweg muss 31 cm betragen und an den Enden der Schienen muss mittig ein 4-mm-Bohrloch gebohrt werden (siehe Zeichnung).
- Danach messen Sie jeweils 5 cm von den hochkant gesetzten 34 cm langen Buchenholzleisten nach innen und von der Tischlängsseite 1,5 cm ebenfalls nach innen und fixieren die Führungsschienen zunächst nur am hinteren Bohrloch auf der Tischplatte mit den 4 x 10 mm-Schrauben.
- Schieben Sie nun das Rundholz der Rahmenkonstruktion unter die Führungsschiene und verschrauben Letztere am zweiten Bohrloch mit der Tischplatte. Diese Rahmenkonstruktion liegt nun zwischen den bereits angebrachten Tischbeinen.
- Danach verschrauben Sie die zwei Tischbeinpaare in Höhe des 30-cm-Bohrlochs wie zuvor: Stecken Sie die Metall-Unterlegscheibe auf die Schraube (M4 x 100, Linsensenkkopf), die Sie erst durch das eine Tischbein schieben, mit einer Kunststoff-Unterlegscheibe versehen und dann durch das andere Tischbein stecken und mit Metall-Unterlegscheibe und Mutter verschrauben. So bleiben die Tischbeine beweglich.
- Als letzten Arbeitsgang schleifen Sie den kleinen Klapptisch und streichen ihn mit einer wetterfesten Holzlasur.
- Möchte man den Tisch zusammenklappen, fasst man ihn an der Tischkante, hebt ihn hoch und schon klappt er selbstständig zusammen.

MOBILE
TISCHBEINE
15cm
30cm
TISCHBEIN
INNEN
METALL
K.STOFF
METALL
AN TISCHBEIN..
VORBOHREN
UND
VERSENKEN
ALU-
SCHIENEN
2cm
50cm
38cm
3cm
2cm
TISCHBEIN
METALL
K.STOFF
METALL
AUSSEN
AN TISCH..
VOR DEM BENUTZEN BITTE WENDEN!

NEUGIERBREMSE – MOBILER SICHTSCHUTZ

ZEIT
5 Stunden

BAU
einfach

MATERIAL

- 2 Dachlatten (Lärche) 3 x 5 x 180 cm
- 2 Dachlatten (Lärche) 3 x 5 x 150 cm
- 6 Rundstäbe (Buche) 1,44 m lang, ø 2,5 cm
- 80–100 Weidenruten 2,2 m lang, ø max. 1,2 cm
- 2 Alu-U-Profile 19 mm, 1,44 m lang
- 4 Flachwinkel 100 x 15 mm
- 20 Edelstahl-Spanplattenschrauben 4,5 x 30 mm
- 14 Edelstahl-Spanplattenschrauben 3 x 12 mm
- 16 Edelstahl-Spanplattenschrauben 4 x 45 mm

WERKZEUG

- 3-mm-Holzbohrer
- 3-mm-Metallbohrer
- Metall-/Stichsäge
- Rosenschere

- Schrauben Sie zunächst den Dachlattenrahmen nach vorbohren und senken mit 4 Schrauben 4 x 45 mm so zusammen, dass er eine Gesamthöhe von 1,50 m hat. Versteifen Sie anschließend die vier Ecken auf der Rahmenrückseite mit jeweils einem Flachwinkel und 5 Edelstahl-Spanplattenschrauben 4,5 x 30 mm.
- Die Rundstäbe müssen unbedingt vorgebohrt werden. Achten Sie beim Vorbohren der Stäbe darauf, dass das Bohrloch genau in der Stabmitte sitzt.
- Auch die obere und untere Dachlatte, in die später die Rundstäbe geschraubt werden, müssen vorgebohrt werden und zwar jeweils folgendermaßen: Setzen Sie das erste Bohrloch nach 25 cm vom Lattenanfang gemessen und die fünf darauffolgenden Bohrungen mit einem 26-cm-Abstand. Das ergibt zum Lattenende wiederum einen Abstand von 25 cm.
- Die beiden Alu-U-Profile müssen ebenfalls vorgebohrt werden – je Profil insgesamt siebenmal in einem Abstand von 20 cm, wobei Sie das erste Bohrloch 2 cm vom Profilanfang gemessen anbringen. So ergibt sich auch zum Profilende ein Abstand von 2 cm. Danach befestigen Sie die Profile an der linken und rechten Innenseite des Rahmens mit Spanplatten-Edelstahlschrauben 3 x 12 mm.
- Als nächsten Schritt schrauben Sie die vorgebohrten Rundstäbe mit 12 Spanplatten-Edelstahlschrauben 4 x 45 mm senkrecht in den Rahmen und versenken die Schraubenköpfe in der Oberfläche der Dachlatten.
- Schneiden Sie alle Weidenruten auf eine einheitliche Länge und beginnen Sie jetzt mit dem Einflechten der Ruten (siehe Zeichnung rechts).
- Sobald Sie 5–8 Weidenruten eingeflochten haben, schlagen Sie mit einem Brettchen o. Ä. auf die Rutenoberkante und festigen bzw. korrigieren deren Sitz.
- Verfahren Sie so mit allen weiteren Weidenruten. Je weiter Sie nach oben kommen, desto schwieriger gestaltet sich das Einflechten. Aber Sie schaffen das.

Legen Sie die Weidenruten über Nacht in Wasser ein, so saugen sie sich mit Wasser voll und sind danach wesentlich einfacher zu verarbeiten.

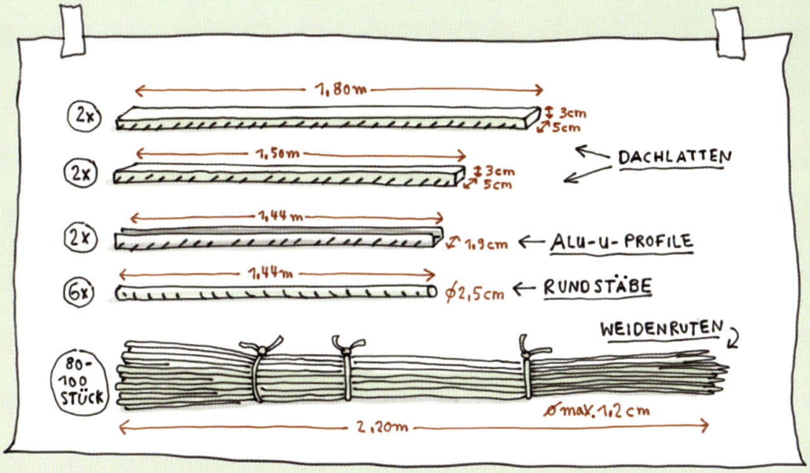

2x
1,80 m
3 cm
5 cm
2x
1,50 m
3 cm
5 cm
DACHLATTEN
2x
1,44 m
1,9 cm
ALU-U-PROFILE
6x
1,44 m
ø 2,5 cm
RUNDSTÄBE
WEIDENRUTEN
80-100 STÜCK
ø max. 1,2 cm
2,20 m

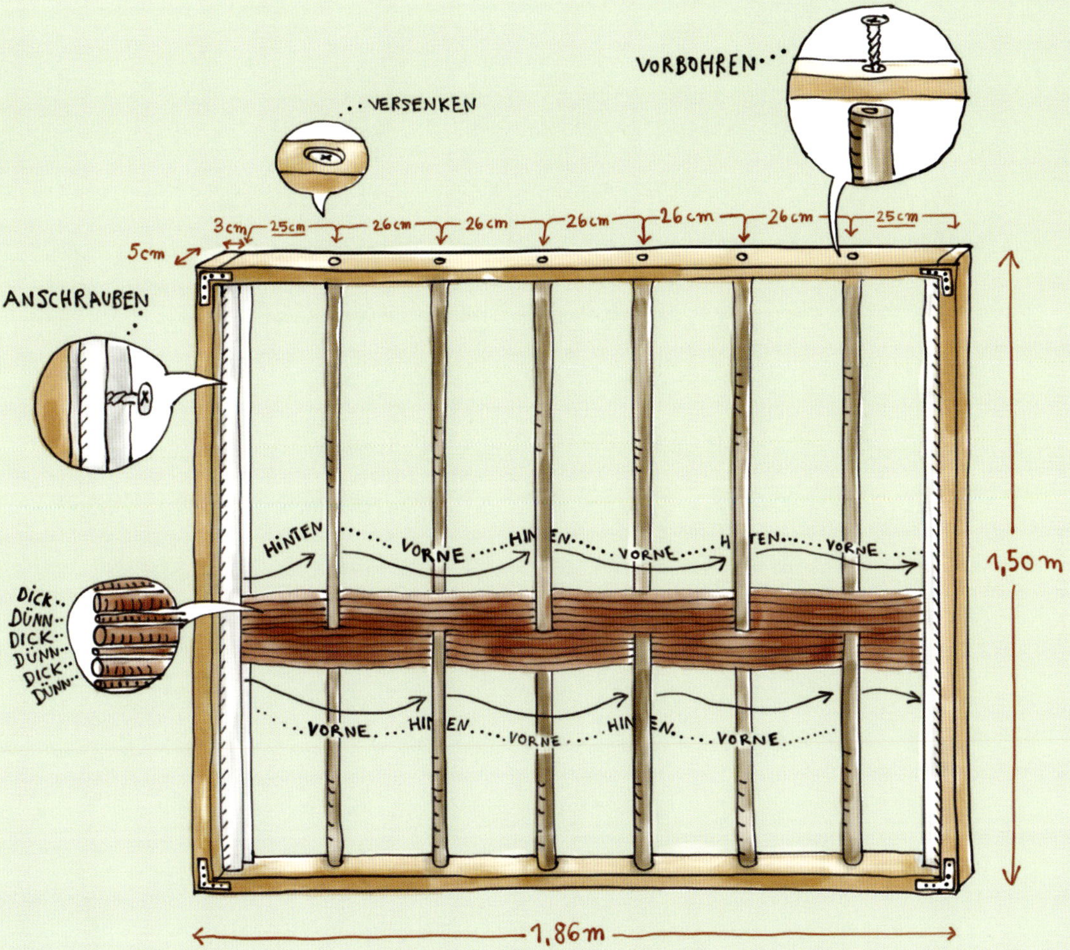

VORBOHREN
VERSENKEN
3 cm
25 cm
26 cm
26 cm
26 cm
26 cm
26 cm
25 cm
5 cm
ANSCHRAUBEN
HINTEN … VORNE … HINTEN … VORNE … HINTEN … VORNE
DICK
DÜNN
DICK
DÜNN
DICK
DÜNN
VORNE … HINTEN … VORNE … HINTEN … VORNE
1,50 m
1,86 m

SITZGELEGENHEITEN – SPONTAN UND EINFACH

ZEIT
4 Stunden

BAU
einfach

Sitzplätze können noch viel einfacher gestaltetet werden, indem z. B. Ziegelsteine aufeinandergestapelt werden. Ein einfaches, darübergelegtes Brett dient in diesem Fall als Sitz. Kissen drauf, fertig.

- Lassen Sie sich in einer Schlosserei die beiden Winkeleisen auf Maß schneiden und bohren. Zuhause lackieren Sie diese mit einem Metalllack Ihrer Wahl.
- Messen Sie die vier Bohrstellen für die Winkeleisenbefestigung an der Mauer sorgfältig ab und markieren Sie diese genau.
- Die Bohrung muss passgenau und absolut waagerecht für die entsprechende Länge des Spreizdübels durchgeführt werden.
- Setzen Sie die Messing-Spreizdübel (M8 x 40 mm) in die Bohrlöcher ein und schrauben Sie anschließend die Winkeleisen an der Mauer fest. Beachten Sie, dass die Stahlschrauben gleichmäßig angezogen werden müssen.
- Fixieren Sie nun die Bretter mit Schraubzwingen unter beiden Winkeleisen. So können Sie die nötigen Bohrlöcher auf den exakt ausgerichteten Brettern genau anzeichnen. Nehmen Sie die Bretter wieder ab und bohren Sie die Löcher.
- Schleifen Sie die Bohrungen und die Bretterkanten ein wenig mit Sandpapier und lasieren Sie das Holz.
- Sobald die Lasur trocken ist, können die Bretter auf die Winkeleisen aufgelegt und verschraubt werden. Die linsenförmigen Köpfe der Schlossschrauben ziehen sich beim Anschrauben leicht in das Holz ein. Das Verschrauben gelingt am besten mit einer Nuss und Ratsche. Für jedes einzelne Brett werden 4 Schrauben (M6 x 40 mm mit Unterlegscheibe und Mutter) benötigt.

MATERIAL

- 3 Glattkantbretter (Lärche) 2,7 x 12 x 60 cm
- 2 Winkeleisen, 4 mm stark, 4 x 10 x 40 cm, mit je 2 Bohrungen:
- 8 mm zum Befestigen (2 Bohrlöcher pro Eisen)
- 6 mm für die Sitzfläche (6 Bohrlöcher pro Eisen)
- 4 Messing-Spreizdübel M8 x 40 mm
- 4 Stahlschrauben M8 x 50 mm A2 Inox mit Unterlegscheiben
- 12 Schlossschrauben M6 x 40 mm mit Unterlegscheiben und Mutter
- Metalllack und Holzlasur

WERKZEUG

- Bohrmaschine mit 6-mm-Holzbohrer
- Schlagbohrer/Hilti mit Steinbohrer entsprechend dem Dübeldurchmesser
- 13er-Gabelschlüssel/Nusskasten mit Ratsche
- Sandpapier
- Maurerschnur
- Schraubzwingen

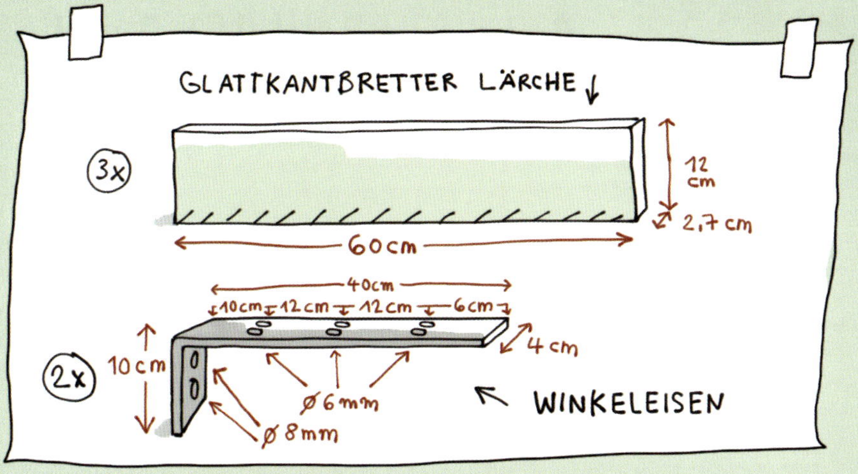
GLATTKANTBRETTER LÄRCHE
3x
12 cm
2,7 cm
60cm
40cm
10cm
12 cm
12 cm
6cm
2x
10 cm
4 cm
Ø 6 mm
Ø 8 mm
WINKELEISEN

MONTAGE
BEFESTIGUNG...
BRETTER
LASIEREN...
SCHLEIFEN...
BEFESTIGUNG
AN WAND...
LACKIEREN...

BANK RUND UM DEN BAUM

ZEIT
3 Tage

BAU
mittelschwer

- Sägen Sie zunächst alle Kanthölzer mit der Gehrungssäge auf Maß, jeweils 5 Stück benötigen Sie für eine Auflagenkonstruktion. Die Bank selbst besteht aus 6 identischen Auflagenkonstruktionen.
- Halten Sie sich genau an die Maßangaben in der Zeichnung rechts oben. Die Maße sind für einen Baum berechnet, der einen Durchmesser von 20 cm aufweist. Bei einem anderen Baumdurchmesser müsste eine neue Berechnung zugrunde gelegt werden.
- 12 Kanthölzer (Länge 57,5 cm) werden entsprechend den vorgegebenen Maßen auf die halbe Materialstärke eingesägt und ausgeklinkt. Um ein Verformen der Konstruktion zu verhindern, müssen die Enden dieser Kanthölzer zusätzlich im 45°-Winkel auf Gehrung gesägt werden.
- Sägen Sie die Glattkantbretter für die Sitzfläche mit der Gehrungssäge im 60°-Winkel zu. Pro Einheit benötigen Sie 3 unterschiedlich breite, trapezförmige Bretter. Insgesamt 6 Sitzflächeneinheiten müssen angefertigt werden.
- Lagern Sie das Holz für die Auflagenkonstruktion und die Sitzfläche nach dem Zuschneiden getrennt. Das erleichtert die spätere Verarbeitung.
- Ebenen Sie zunächst die Stellfläche für die Bank sorgfältig ein. Verlegen Sie anschließend für jede Auflagenkonstruktion 2 Betonpflastersteine, deren genauen Sitz Sie mit der Wasserwaage prüfen und ggf. korrigieren.
- Nun bauen Sie die 6 Auflagenkonstruktionen einzeln zusammen (siehe Zeichnung Seite 50). Verleimen Sie alle Stellen, die miteinander verschraubt werden sollen. Sie benötigen 12 Schrauben pro Konstruktion.
- Stellen Sie die Auflagenkonstruktionen auf die Steine und legen Sie das erste Brett der Sitzfläche – es ist das kleinste – mit der schmalen Seite nach hinten und jeweils mittig auf das Kantholz zweier Auflagenkonstruktionen (siehe Zeichnung Seite 51). Zwei weitere helfende Hände sind hierbei hilfreich. Messen Sie links und rechts jeweils 2 Bohrlöcher ab und bohren Sie das Sitzflächenbrett vor dem Verschrauben so vor, dass die Schraubenköpfe versenkt werden können. Verfahren Sie so reihum mit den restlichen fünf kleinen Brettern.

MATERIAL

- 15 m Kantholz (Douglasie) 7 x 4,5 cm
- 10 m Glattkantbretter (Douglasie) 14,5 x 2,7 cm
- Viele (!) Edelstahlschrauben Torx 3 x 80 mm

WERKZEUG

- Elektrische Gehrungssäge
- Stichsäge
- Schwing-/Multischleifer
- 12 Betonpflaster 20 x 10 x 6 cm
- Holzleim
- Holzlasur

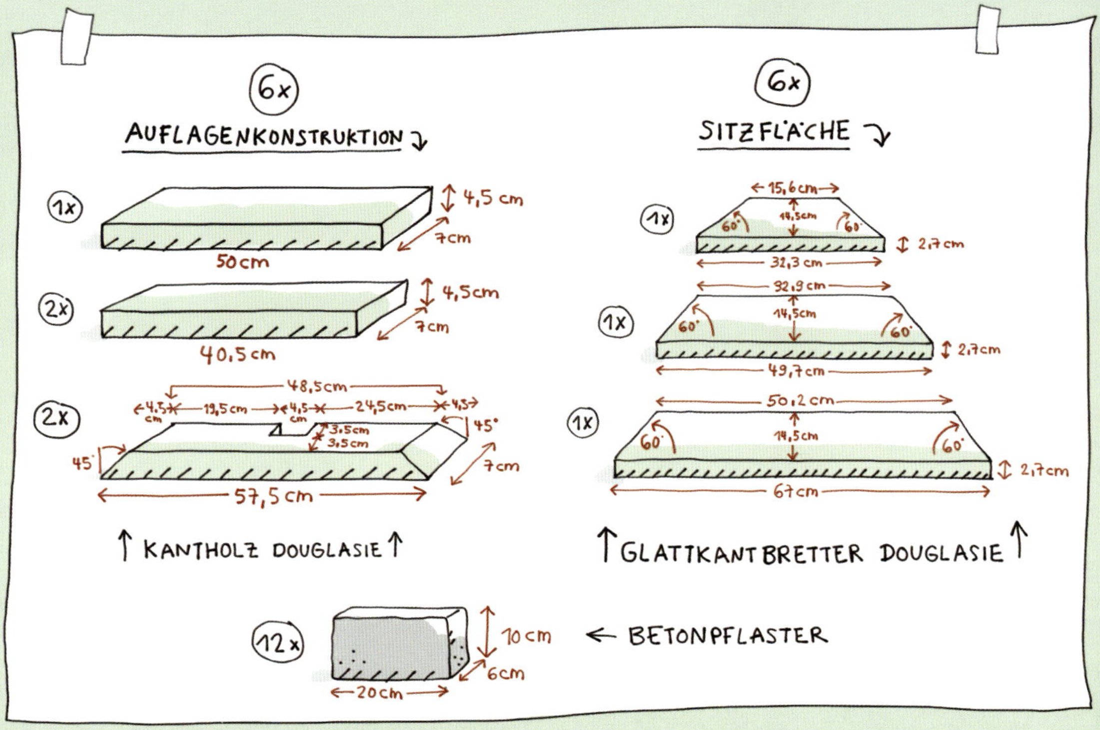
6x
AUFLAGENKONSTRUKTION
1x
4,5 cm
7cm
50cm
2x
4,5cm
7cm
40,5 cm
2x
48,5cm
4,5 cm
19,5 cm
4,5 cm
24,5cm
4,5
45°
3,5cm
3,5cm
45°
7cm
57,5 cm
KANTHOLZ DOUGLASIE
6x
SITZFLÄCHE
1x
15,6cm
14,5cm
60°
60°
2,7cm
32,3 cm
1x
32,9 cm
14,5cm
60°
60°
2,7cm
49,7cm
1x
50,2 cm
14,5cm
60°
60°
2,7cm
67cm
GLATTKANTBRETTER DOUGLASIE
12x
10cm
6cm
20cm
BETONPFLASTER

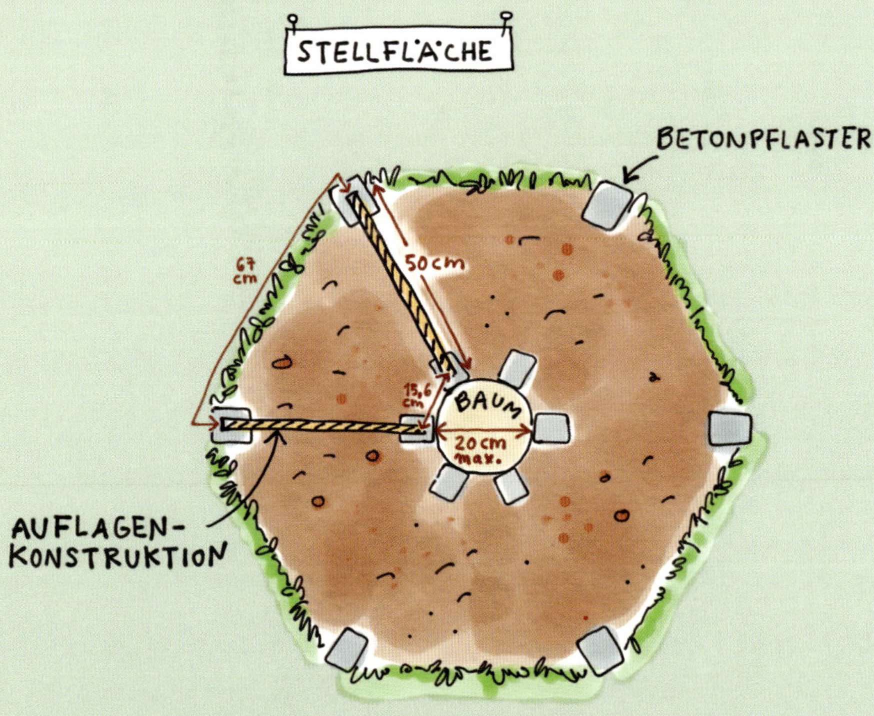
STELLFLÄCHE
BETONPFLASTER
67 cm
50cm
15,6 cm
BAUM
20cm max.
AUFLAGEN-
KONSTRUKTION

- Setzen Sie danach in einem Abstand von wenigen Millimetern die zweite und dritte Reihe der trapezförmigen Bretter auf dieselbe Weise als Sitzfläche um den Baum.
- Auch diese Bretter werden mit jeweils 4 Edelstahlschrauben (Torx 3,0 x 80 mm) befestigt. Insgesamt brauchen Sie pro Sitzflächeneinheit 12 Schrauben.
- Wenn die Bank montiert ist, glätten Sie die Flächen mit einem Schwing-/Multischleifer, runden die Kanten ein wenig ab und lasieren das Ganze mit einer Holzlasur ihrer Wahl.

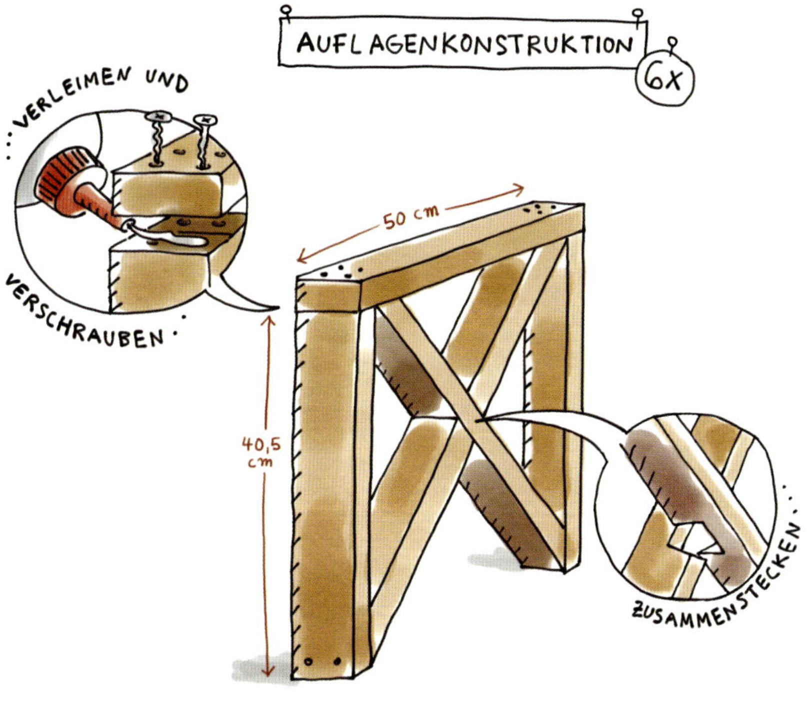

VORBOHREN UND VERSENKEN
MITTIG AUFLEGEN
KANTEN ABRUNDEN
6x RUND UM DEN BAUM
60°
60°

TRINKBAR – NATÜRLICH KALT

ZEIT
2 Tage

BAU
einfach

- Wählen Sie für Ihr Getränkedepot einen schattigen Platz im Garten – möglichst ohne direkte Sonneneinstrahlung.
- Nageln Sie zunächst aus Holzresten oder Schalbrettern eine kastenförmige Holzverschalung zusammen, die etwa 90 cm lang, 50 cm breit und 80 cm hoch sein sollte, und verspreizen Sie diese sorgfältig in allen Richtungen, auch diagonal.
- Stellen Sie die oben und unten offene Verschalung auf die vorgesehene Standfläche und markieren Sie die Umrisse.
- Heben Sie anschließend die Baugrube für Ihre Erdkühlbox aus, wobei der Aushub auf allen Seiten 15 cm breiter als die kastenförmige Holzverschalung sein muss. Achten Sie darauf, dass die Erdwand möglichst glatt und senkrecht nach unten verläuft. Bessern Sie notfalls mit dem Spaten nach.
- Wenn die Erdarbeiten abgeschlossen sind, stellen Sie die Schalung mithilfe einer zweiten Person in die Baugrube und korrigieren Sie den richtigen Stand mit der Wasserwaage.

MATERIAL

- Sägeraue Holzreste oder Schalbretter für 1. Schalung in den Gesamtmaßen 90 x 50 x 80 cm
- Je 2 sägeraue Bretter, 2,3 cm stark, für 2. Schalung:
- 12 x 50 cm
- 12 x 90 cm
- 12 x 80 cm
- 12 x 120 cm
- Kantholzmaterial zum Verspreizen der Schalung
- Multiplexplatte 2 x 70 x 115 cm für den Deckel
- 2 Dachlatten 3 x 5 x 85 cm
- 2 Dachlatten 3 x 5 x 43 cm
- Spanplattenschrauben Inox 40 x 3
- 2 Bügelgriffe, 12 cm
- Baueisenreste und Bindedraht
- Setz-Fix (Fertigbeton), Menge abhängig von der Wandstärke zwischen Schalung und Erdreich

WERKZEUG

- Pickel, Schaufel
- Maurerkelle
- Zimmermannshammer
- Baunägel

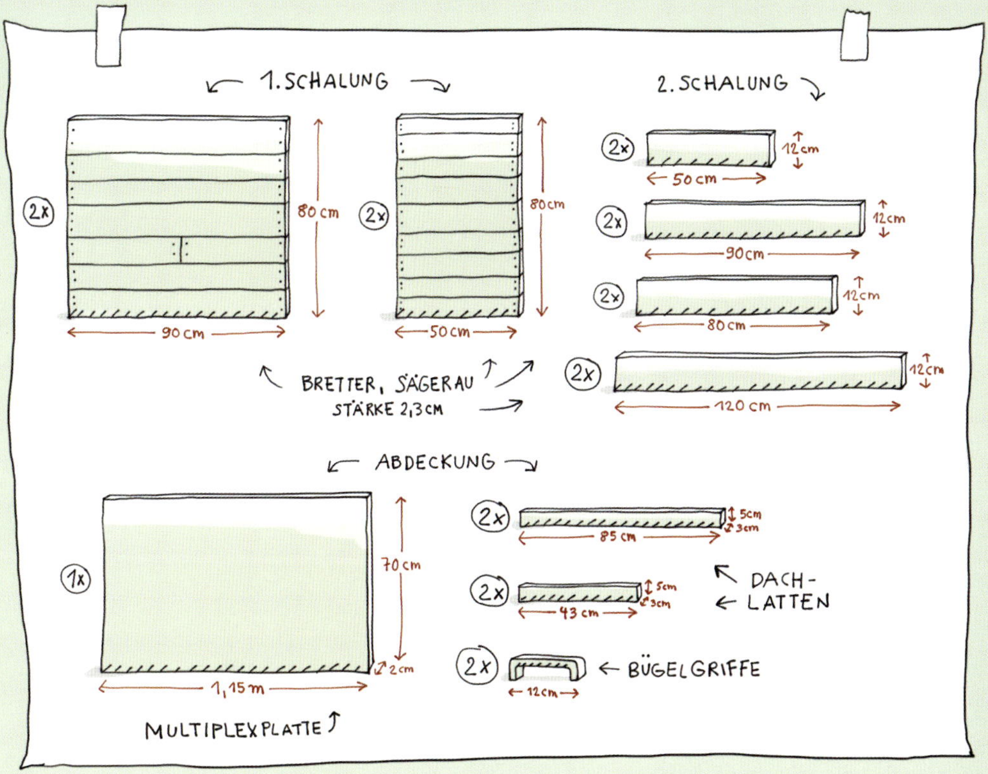
1. SCHALUNG
2. SCHALUNG
2x
80 cm
90 cm
2x
80 cm
50 cm
2x
12 cm
50 cm
2x
12 cm
90 cm
2x
12 cm
80 cm
2x
12 cm
120 cm
BRETTER, SÄGERAU
STÄRKE 2,3 CM
ABDECKUNG
1x
70 cm
2 cm
1,15 m
MULTIPLEXPLATTE
2x
5 cm
3 cm
85 cm
2x
5 cm
3 cm
43 cm
DACH-
LATTEN
2x
BÜGELGRIFFE
12 cm

QUERSCHNITT
12 cm
80 cm
20 cm
15 cm
50 cm
BETON
KIES

Wem die teils umfangreichen Arbeiten zu schwierig erscheinen, der kann auch einfach ein blaues Weithalsfass mit Schraubverschluss in den Boden eingraben und erzielt damit einen ähnlichen Effekt.

- Legen Sie zur Verstärkung danach mehrere Baueisen oder Baustahlmattenteile zwischen Schalung und Erdwand und beginnen Sie mit dem Betonieren.
- Um später eine Abdeckung anbringen zu können, benötigen Sie eine zweite, 12 cm hohe Schalung, die einfach auf die erste Schalung gesetzt und ebenfalls verspreizt wird. Diese schaut 12 cm über die Rasenkante (siehe Zeichnung Seite 55 oben).
- Füllen Sie die Schalung mit Fertigbeton, glätten Sie den Abschluss und prüfen Sie mit der Wasserwaage, ob er auch überall waagrecht ist.
- Beide Schalungen müssen nach zwei Tagen entfernt werden, sonst verbinden sich Holz und Beton so innig, dass das Holz nur unter großen Schwierigkeiten entfernt werden kann.
- Schließlich bauen Sie eine Abdeckung aus einer 2 cm starken Multiplexplatte, die gegen evtl. Verrutschen innen mit einem Dachlattenrahmen versehen wird. Dieser wird mittig auf die Unterseite des Deckels geschraubt und passt in die Öffnung der bald erdgekühlten Getränkebox – mit einem beabsichtigten Spiel von etwa 1 cm auf jeder Seite (siehe Zeichnung Seite 55 unten).
- Um das Öffnen der Erdkühlbox zu erleichtern, schrauben Sie einfach zwei 12 cm große Bügelgriffe auf die Oberseite des Deckels.
- Zuletzt wird der Boden der Erdkühlbox mit einer 20 cm dicken Kiesschicht versehen. Gießt man später Wasser auf den Kies, kühlen die Getränke durch die Verdunstungskälte noch stärker ab.

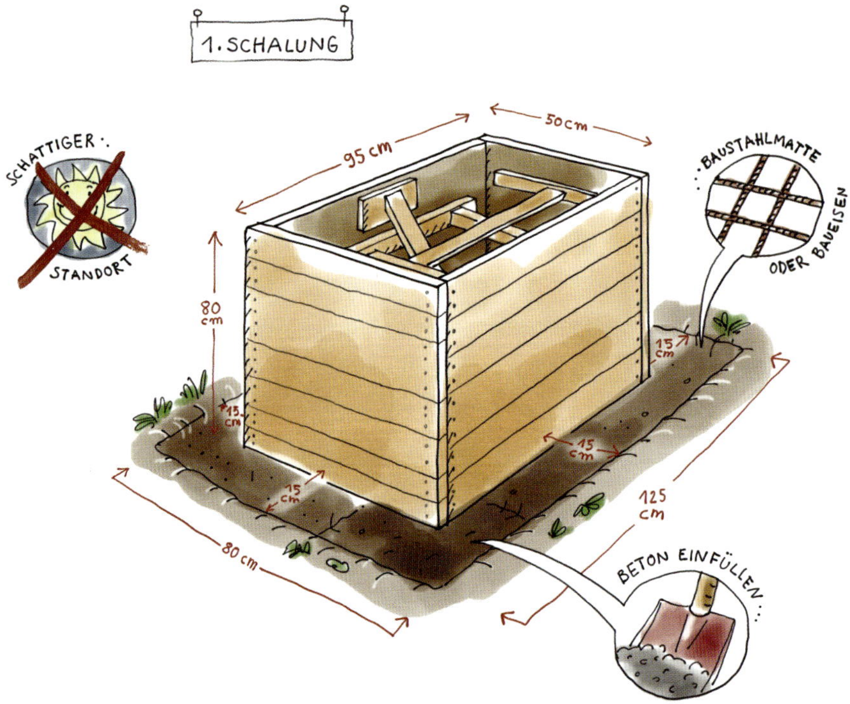

2. SCHALUNG
VERSPREIZEN:
80 cm
12 cm
95 cm
50cm
125 cm

ABDECKUNG
12 cm
13,5 cm
91 cm
43 cm
5cm
1,15m
70 cm
ABDECKUNG UMDREHEN
UND GRIFFE ANSCHRAUBEN.

NÜTZLICHES FÜR DIE GARTENARBEIT

Lassen Sie sich helfen: Kleine und große Dinge erleichtern dem Gärtner die Arbeit und den Pflanzen das Wachsen.

Einjährige Kletterpflanzen wachsen meist sehr schnell und sind auf ein Klettergerüst angewiesen. Ein selbst gebautes Gerüst ist individuell und kostet fast nichts. Seite → **60**

Viele höher wachsende Gartenstauden benötigen eine Stütze, damit sie bei Wind und Wetter nicht sofort umknicken. Solche Stützen kann man zwar fertig kaufen, selbst gebaut sind sie aber wesentlich origineller und vor allem schöner. Seite → **62**

Lässt man Brombeeren ungezügelt wachsen, erobern sie bald den ganzen Garten. Mit einem Brombeergestell kann man sie in ihre Schranken verweisen und auch ältere Pflanzen damit bändigen. Seite → **64**

Gebrauchte Hausfenster erwirbt man günstig beim Glaser. Mit nur wenigen Handgriffen lassen sie sich in eine gut funktionierende Frühbeetabdeckung verwandeln. Seite → **66**

Tomaten ohne Wetterschutz anbauen, ist fast nicht möglich. Zwar gibt es resistente Sorten gegen die gefürchteten Pilzkrankheiten, eine Schutzvorrichtung ist dennoch ratsam. Seite → **68**

Kaum ist im Garten das Beerenobst reif, stellen sich gefiederte Räuber ein und machen dem Obstbesitzer die Ernte streitig. Mit einem provisorischen Gestell lässt sich das auf einfache Weise kostengünstig verhindern. Seite → **70**

Beeteinfassungen sind dekorativ und sehr praktisch. Einerseits bildet die „Umzäunung“ ein Mikroklima und hält Schädlinge fern. Andererseits erleichtert es das Gießen. Seite → **72**

Nichts ist lästiger als ein Schlauch, der während des Gießens oder wenn er gezogen wird, mitten im Beet landet und womöglich Schaden anrichtet. Mithilfe eines Besenstiels kann man dieses Problem lösen. Seite → **74**

Kübelpflanzen sind bekanntlich durstig. Wer sie im Garten richtig platziert, erleichtert ihre Pflege und schafft einen zusätzlichen Blickfang. Seite → **76**

Es gibt Einweg- und Europaletten, Letztere sind stabiler und in der Regel ordentlicher gebaut. Allerdings bekommt man sie nicht kostenlos, sie sind pfandpflichtig, werden aber gehandelt. Seite → **78**

Eine Kräuterspirale ermöglicht dem Gartenbesitzer den Anbau vieler verschiedener Kräuter mit unterschiedlichen Standortbedingungen auf engstem Raum. Seite → **80**

Hochbeete liegen voll im Trend, ermöglichen „bückfreies Arbeiten im Garten“ und versprechen reiche Ernte. Seite → **84**

Der Wanderkomposter hat gegenüber einem konventionellen Komposthaufen den Vorteil, dass er sehr rasch auf- und abgebaut werden kann und nicht auf einen endgültigen Standort angewiesen ist. Seite → **88**

In heißen Sommern ist Wasser knapp. In einem ICB-Regenwassersammler können große Mengen Wasser auf eine sehr preiswerte Weise gespeichert werden. Seite → **90**

Ist der Arbeitstisch im Garten erst einmal errichtet, benutzt man ihn ständig. Sei es zum Umtopfen, Aussäen, Pikieren oder für kleinere Reparaturen. Seite → **94**

Gartenbesitzer verfügen immer über einen gewissen Saatgutvorrat, der sachgerecht gelagert werden sollte. Eine verschließbare Holzkiste ist hierzu ideal. Seite → **98**

Um die vielen Kleingeräte für den Garten, wie Scheren, Fugenkratzer, Pflanzschaufel usw. übersichtlich zu lagern, bietet sich der Bau eines Gartenwerkzeugkastens an. Seite → **100**

RANKHILFE FÜR EINJÄHRIGE KLETTERPFLANZEN

ZEIT
1,5 Stunden

BAU
einfach

MATERIAL

- 2 Birkenstämmchen mit Rinde, ø 6 x 200 cm
- Gerade Haselnusstriebe als Sprossen, ø 2,5–3 cm
- Spanplattenschrauben 3 x 40 mm
- Baumsäge

- Wählen Sie zwei passende, möglichst gerade Birkenstämmchen aus und entfernen Sie evtl. vorhandene Seitenäste.
- Schrägen Sie das dickere Ende der beiden Stämmchen mit der Säge so ab, dass eine Spitze entsteht.
- Schneiden Sie nun die Haselnusstriebe, die als Sprossen dienen sollen, in 60 cm lange Stücke. Messen Sie an den jeweiligen Außenseiten 10 cm nach innen und bohren Sie an dieser Stelle ein Loch mit einem 3-mm-Bohrer vor. Achten Sie darauf, dass die Bohrungen parallel liegen. Hierzu stapeln Sie die Triebe einfach hintereinander.
- Für das 200 cm hohe Gestell benötigen Sie 13 Sprossen – bei einem Abstand von 15 cm. So stehen die Birkenstämmchen oben 5 cm über, unten 15 cm.
- Schrauben Sie mit dem Akkuschrauber die Sprossen mittig, mit einem beidseitigen Überstand von etwa 7 cm auf den Stämmchen fest.
- Das untere Ende des Klettergerüsts kann nun in den Boden oder in einen großen Kübel gesteckt werden. Das Gerüst selbst sollte an eine Wand gelehnt werden.

Noch eleganter wirkt so ein Klettergerüst, wenn die Haselnusstriebe als Sprossen durch die Bohrungen geschoben werden. Hierzu bohrt man in die Birkenstämmchen Löcher, deren Größe dem Durchmesser der Triebe entsprechen.

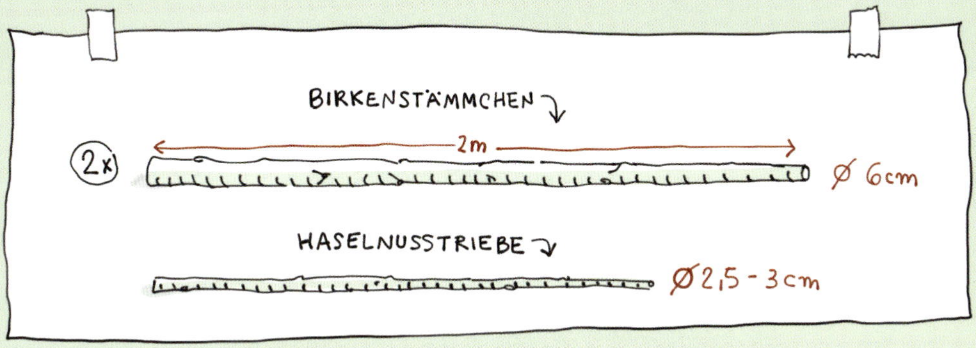
BIRKENSTÄMMCHEN
2x
2m
Ø 6cm
HASELNUSSTRIEBE
Ø2,5 - 3cm

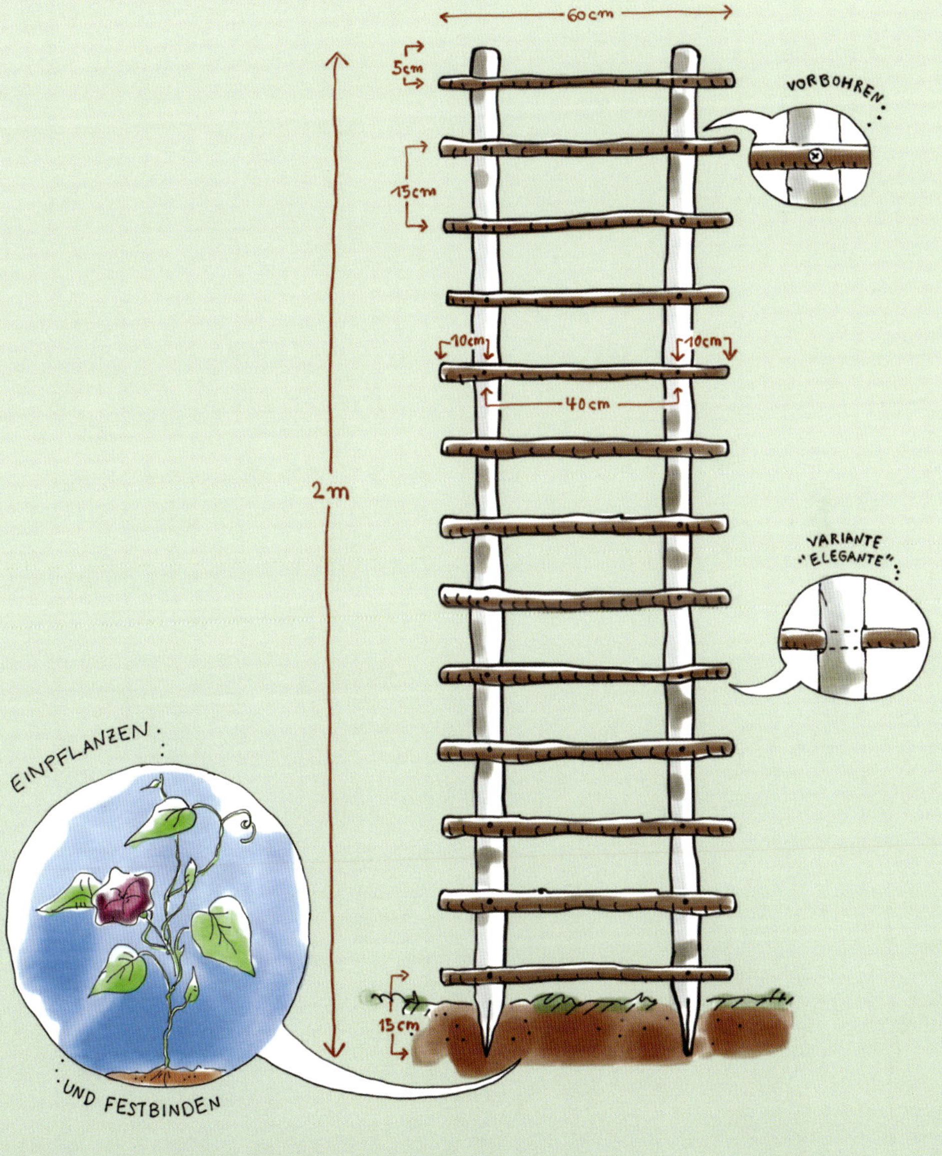
60cm
5cm
VORBOHREN
15cm
10cm
10cm
40cm
2m
VARIANTE
"ELEGANTE"
15cm
EINPFLANZEN
UND FESTBINDEN

STAUDENSTÜTZE

ZEIT
1 Stunde

BAU
sehr einfach

In Weinbaugebieten kann statt der Kiefernpfähle auch das Holz alter Rebstöcke verwendet werden. Der Stützring wird dann aus Ranken von Weinreben geformt.

- Zuerst werden die vier kleinen Kiefernpfähle senkrecht um die Staude in den Boden eingeschlagen, sodass sie noch etwa 80 cm weit herausschauen. Aus den Abständen der Pfähle ergibt sich der Umfang der Stütze.
- Legen Sie zunächst einen Ring aus Hopfen- oder Clematisranken um die Pfosten. Zum Befestigen nehmen Sie ein Juteband, das in Schlaufenform um Ranke und jeweiligen Pfosten gebunden wird. Sichern Sie die Bandenden mit einem Doppelknoten. So kann der Stützring später nach oben oder unten verschoben werden.

Variante A:

- Fixieren Sie die untere Schraube einer 4 cm großen Rohrschelle einseitig locker an jeden Pfosten und legen Sie dann den Ring aus Hopfen ein. Befestigen Sie nun die Schelle mit der zweiten Schraube und ziehen Sie die untere Schraube fester an. Diese Halterung ist sehr stabil, kann aber in der Höhe nicht verändert werden.

Variante B:

- Versehen Sie die Kiefernpfähle am oberen Ende mit einem 13 mm großen Bohrloch – mit einem Mindestabstand von 10 cm zum Pfahlende –, bevor Sie sie in den Boden schlagen. Sobald die Pfähle im Boden sitzen, wird eine Clematisranke durch die Bohrlöcher gesteckt. Anschließend werden die Rankenenden mit Draht fixiert.

MATERIAL

- Kiefernpfähle 3 x 100 cm
- Juteband
- Ranken von Hopfen oder Clematis, evtl. auch Wein
- Je nach Variante:
- Verzinkter Wickeldraht
- Edelstahl-Schrauben
- 4-cm-Rohrschellen, einseitig

WERKZEUG

- Fäustel
- 13-mm-Bohrer
- Schere
- Zange

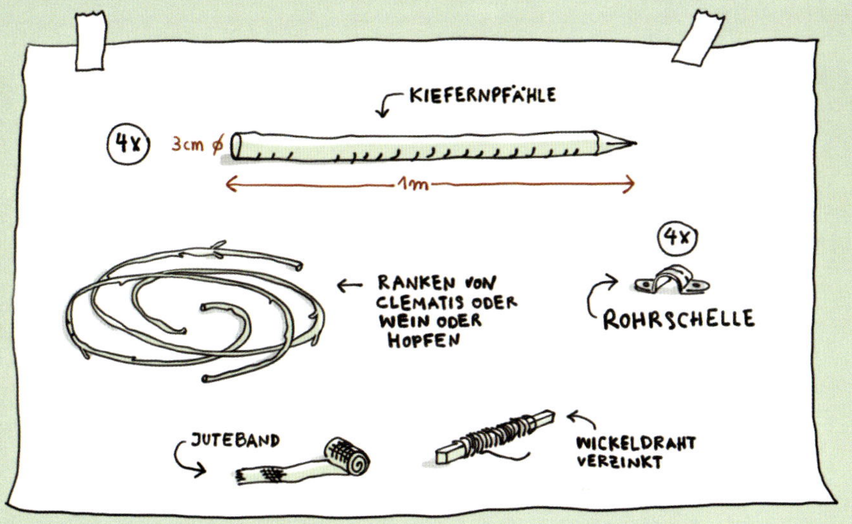
KIEFERNPFÄHLE
4x
3cm ø
1m
RANKEN VON CLEMATIS ODER WEIN ODER HOPFEN
4x
ROHRSCHELLE
JUTEBAND
WICKELDRAHT VERZINKT

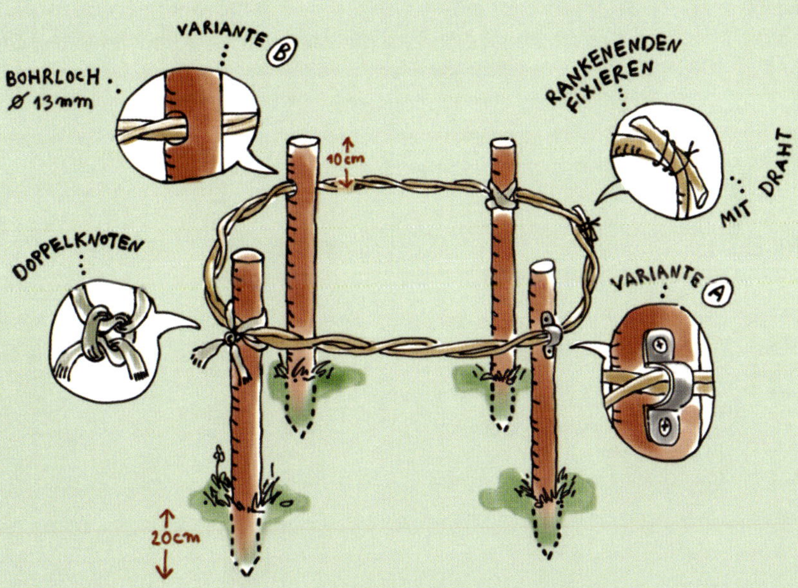
VARIANTE B
BOHRLOCH ø 13mm
RANKENENDEN FIXIEREN
MIT DRAHT
10cm
DOPPELKNOTEN
VARIANTE A
20cm

BROMBEERSTÜTZE

ZEIT
3 Stunden

BAU
einfach

Anstelle eines fertigen Rankgitters können auch einzelne dünne Dachlatten aufgeschraubt werden oder Sie spannen einfach Drähte. Selbst ein Stück Wildverbisszaun wäre möglich, aber nicht ganz so hübsch.

- Schlagen Sie zunächst die Einschlaghülsen parallel im Abstand von 162 cm in den Boden bei der Brombeerpflanze ein.
- Verwenden Sie hierzu ein Stück Kantholz 9 x 9 cm, das in die Einschlaghülse gesteckt wird. Nie direkt auf die Hülse schlagen. Ein senkrechter Sitz der Hülse im Boden ist sehr wichtig, deshalb immer wieder mit der Wasserwaage nachkontrollieren.
- Sobald die Einschlaghülsen im Boden versenkt sind, werden die Pfosten gesetzt und mit der Wasserwaage ausgerichtet. Die Einschlaghülsen besitzen Bohrlöcher, durch die Sechskant-Holzschrauben in die Pfosten geschraubt werden. Beim Festschrauben immer wieder auf einen senkrechten Sitz der Pfosten achten und jeweils 2 Schrauben pro Pfosten verwenden.
- Anschließend mit den Spanplattenschrauben (5 x 100 mm) das Glattkantbrett oben anschrauben.
- In 30 cm Abstand zu den Pfosten die Bodenanker ins Erdreich eindrehen und den grünen Zaundraht in der Ankeröse befestigen. An das Glattkantbrett am oberen Ende des Pfostens jeweils einen Drahtspanner schrauben und den Zaundraht damit spannen. Gleichmäßig anziehen, das Gestell ist nun gut fixiert.
- Zuletzt werden die zwei Rankgitter mit jeweils 10 Schrauben untereinander auf die Pfosten geschraubt. Die vorhandenen Brombeerranken können nun mit Bindematerial am Rankgitter befestigt werden.

MATERIAL

- 2 Pfosten 9 x 9 x 180 cm, geriffelt
- 2 Einschlaghülsen 9,1 x 9,1 x 75 cm
- 4 Sechskant-Holzschrauben 6 x 60 mm
- 1 Glattkantbrett 5 x 9 x 180 cm
- 2 Spanplattenschrauben 5 x 100 mm
- 2 Rankgitter 50 x 180 cm
- 20 Spanplattenschrauben 4 x 60 mm
- Bodenanker 50–70 cm
- 2 Drahtspanner
- Zaundraht grün ummantelt, 3,1 mm stark

WERKZEUG

- Vorschlaghammer
- Ratsche und 10er-Nuss

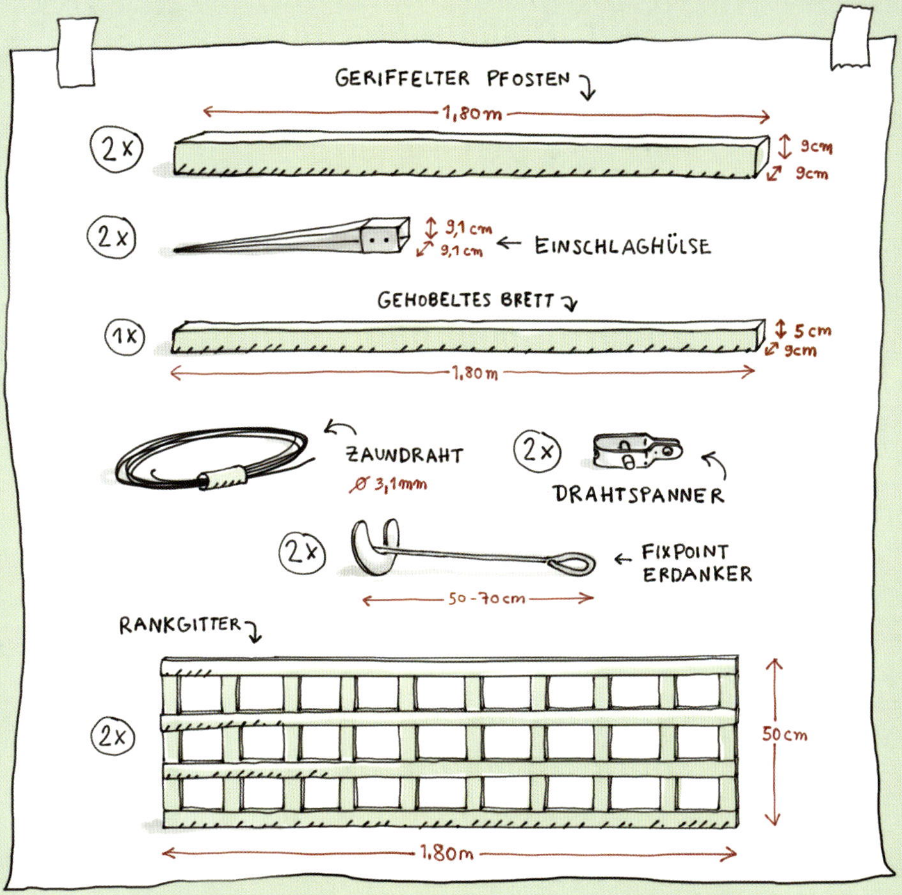
GERIFFELTER PFOSTEN
1,80 m
2x
9 cm
9 cm
2x
9,1 cm
9,1 cm
EINSCHLAGHÜLSE
GEHOBELTES BRETT
1x
5 cm
9 cm
1,80 m
ZAUNDRAHT
Ø 3,1 mm
2x
DRAHTSPANNER
2x
FIXPOINT
ERDANKER
50-70 cm
RANKGITTER
2x
50 cm
1,80 m

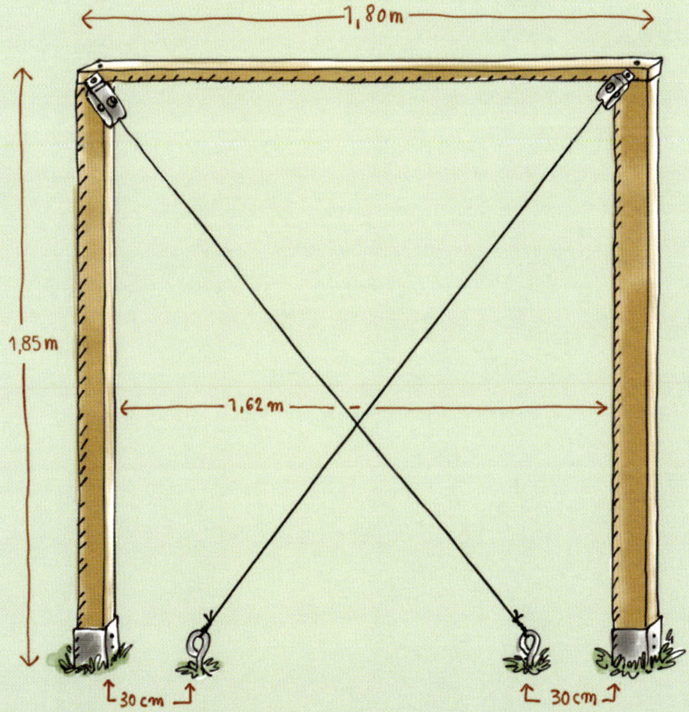
1,80 m
1,85 m
1,62 m
30 cm
30 cm

Abdeckung für den Frühbeetkasten

Zeit
2,5 Stunden

Bau
sehr einfach

- Bauen Sie Ihr Frühbeet grundsätzlich so auf, dass es auf der vorderen Seite flacher als im hinteren Bereich ist, so kann später das Regenwasser besser ablaufen.
- Suchen Sie nach einem Fenster, das zu Ihrem Frühbeetkasten passt oder verändern Sie die Größe des Kastens entsprechend dem Fenstermaß.
- Öffnen Sie nun das Fenster und nehmen Sie es aus dem Rahmen. Entfernen Sie alle Schließ- und Kippmechanismen, einschließlich des Fenstergriffs. Lediglich die Scharniere verbleiben.
- „Versenken" Sie den Fensterrahmen so in den Frühbeetkasten, dass die Oberkanten von Kasten und Rahmen auf gleicher Höhe abschließen und fixieren Sie ihn mit 4 Schraubzwingen.
- Zum Befestigen des Fensterrahmens verwenden Sie die Montagelöcher im Rahmen – in der Regel sind es jeweils drei, die sich an Scharnierseite und Schließseite gegenüberliegen. Mitunter müssen Sie die Löcher zuvor von alten Dübeln und Kleber befreien.
- Bohren Sie mit einem 8-mm-Holzbohrer durch die Montagelöcher in das Holz des Frühbeetkastens und stecken Sie jeweils eine ausreichend lange Schlossschraube von innen durch. Mit Unterlegscheibe und Mutter wird der Fensterrahmen dann am Frühbeet befestigt.
- Hängen Sie anschließend das Fenster wieder in die Scharniere ein. Es liegt jetzt plan im Rahmen.
- Schrauben Sie auf der Schließseite einen Hohlgriff mittig an. Nun kann das Fenster beliebig geöffnet oder geschlossen werden.

Sägen Sie ein 30 cm langes Dachlattenstück mit Kerben ähnlich dem Profil des Fensterrahmens und verwenden Sie es zum Regulieren beim Belüften.

Material

- Gebrauchtes Holzfenster vom Glaser, passend in der Größe zum vorhandenen Frühbeetkasten
- 6 Schlossschrauben 10 x 100 mm mit Unterlegscheiben und Mutter, die Länge entsprechend dem Rahmenmaß
- Hohlgriff mit passenden Schrauben

Werkzeug

- 4 Schraubzwingen
- 17er-Ringschlüssel oder Nuss
- 8-mm-Holzbohrer

FRÜHBEETKASTEN
GEBRAUCHTES HOLZFENSTER MIT RAHMEN
HOHLGRIFF

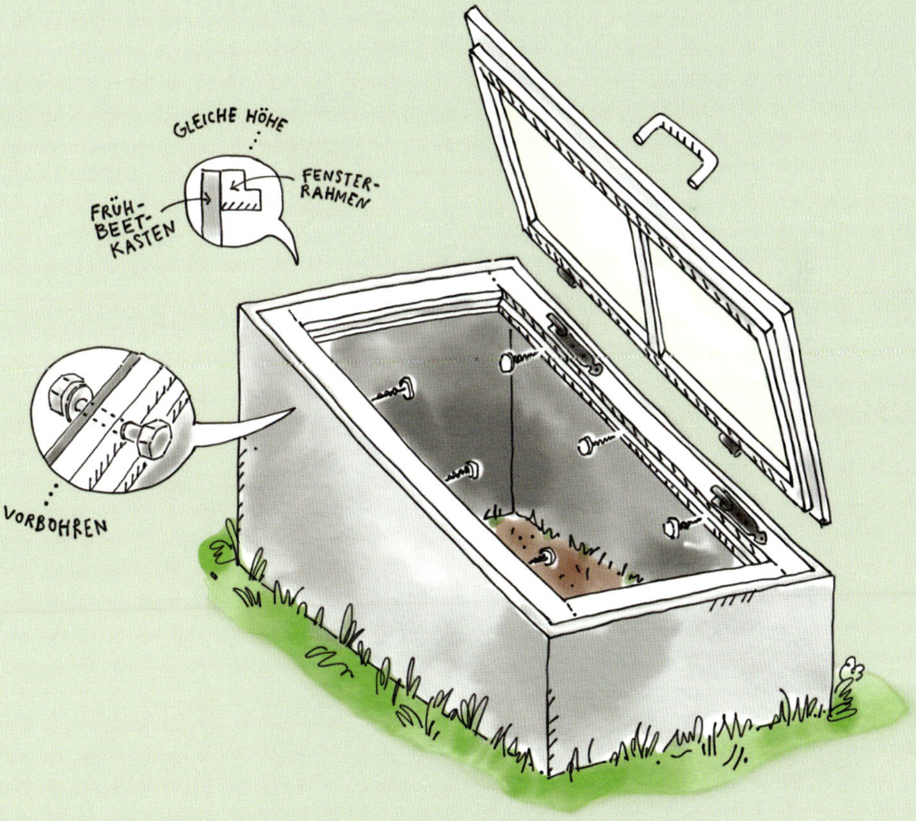
GLEICHE HÖHE
FRÜH-BEET-KASTEN
FENSTER-RAHMEN
VORBOHREN

WETTERSCHUTZ FÜR TOMATEN

ZEIT
3 Stunden

BAU
einfach

Damit diese Konstruktion weniger windanfällig ist, kann man sie zusätzlich mit Seilen aus Polypropylen verankern.

- Der Wetterschutz für Tomaten besteht aus einer einfachen Lattenkonstruktion. Am besten kauft man gleich einen ganzen Bund Dachlatten.
- Wählen Sie zunächst den richtigen Standort und markieren dort eine rechteckige Fläche mit den Maßen 1 m x 2 m. Rammen Sie nun mit dem Locheisen in jeder Ecke ein etwa 30 cm tiefes Loch in den Boden.
- Sägen Sie die Dachlatten in der angegebenen Länge und Menge.
- Stecken Sie die Dachlatten in die Löcher und schlagen Sie sie mit dem Hammer ein wenig nach. Achten Sie darauf, dass die Dachlatten gerade stehen und die beiden hinteren und die beiden vorderen unterschiedlich weit aus dem Boden ragen. Die Wetterseite muss die niedrigere Seite sein.
- Verbinden Sie zunächst die beiden hinteren Latten miteinander, indem Sie drei der 2-m-Latten waagrecht bzw. oben anschrauben. Dann verbinden Sie die beiden vorderen senkrechten Latten ebenfalls mit einer waagrechten 2-m-Latte.
- Schließlich verbinden Sie die Vorder- mit der Rückseite. Hierzu schrauben Sie jeweils seitlich eine 1-m kurze Dachlatte an und dann die beiden 1,05-m-Latten für die Dachneigung. Auf Letztere setzen Sie mittig die siebte 2-m-Dachlatte als Querverbindung. Hiermit ist der Wetterschutz weitgehend stabil.
- Nun wird die Gitterfolie über die Konstruktion gelegt und mit dem Nagelrand auf den Latten befestigt. Beim Nageln muss ein Vorschlaghammer von einer zweiten Person gegen die Dachlattenkonstruktion gehalten werden. Noch einfacher lässt sich die Folie mit einem Tacker und verzinkten Klammern anbringen.
- Bemessen Sie die Gitterfolie so, dass die Konstruktion vollkommen mit ihr abgedeckt ist. Befestigen Sie am vorderen Ende der Gitterfolie mit dem Tacker die 2,4 m lange Dachlatte. Diese kann als Rollo verwendet und bei Bedarf auf und zu gerollt werden. Zuletzt müssen die Seitenteile noch mit der restlichen Gitterfolie verschlossen werden.

MATERIAL

- 1 Dachlatte 3 x 5 x 240 cm
- 2 Dachlatten 3 x 5 x 230 cm
- 7 Dachlatten 3 x 5 x 200 cm
- 2 Dachlatten 3 x 5 x 105 cm
- 2 Dachlatten 3 x 5 x 100 cm
- Gitterfolie grün ggf. mit Nagelrand, 2,0 m breit (etwa 8 lfm)
- Spanplattenschrauben 3,5 x 50 mm

WERKZEUG

- Bügelsäge, Sägebock
- Vorschlaghammer
- Fäustel, Beißzange
- Schlägel, Locheisen
- Tacker und verzinkte Klammern

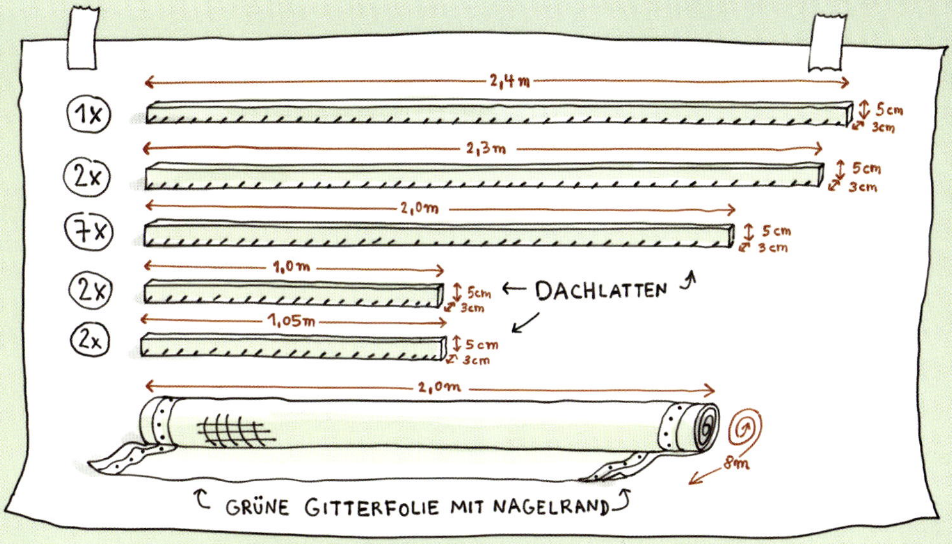
1x
2,4 m
5 cm
3 cm
2x
2,3 m
5 cm
3 cm
7x
2,0 m
5 cm
3 cm
2x
1,0 m
5 cm
3 cm
DACHLATTEN
2x
1,05 m
5 cm
3 cm
2,0 m
8 m
GRÜNE GITTERFOLIE MIT NAGELRAND

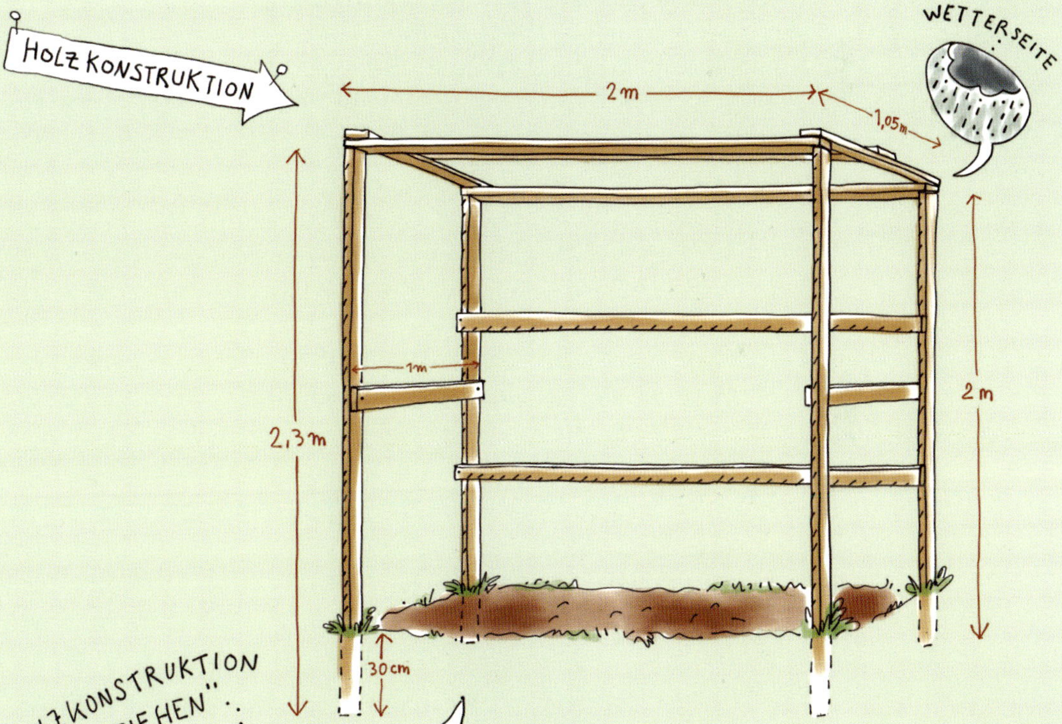
HOLZKONSTRUKTION
WETTERSEITE
2 m
1,05 m
1 m
2,3 m
2 m
30 cm

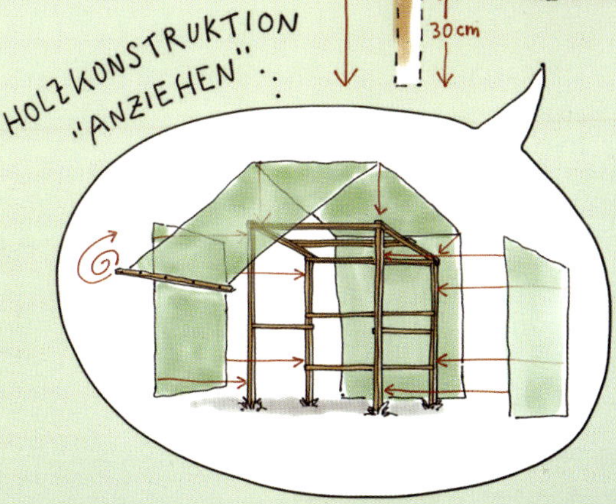
HOLZKONSTRUKTION "ANZIEHEN"...

SCHUTZ VOR ERNTERÄUBERN

ZEIT
2 Stunden

BAU
einfach

MATERIAL

- Iso-Stangenrohre EN16, ø 16 mm, 2m lang
- 1 Tube Tangit PVC-Kleber
- Vogelschutznetz
- Stahl-Rundstange ø 6 mm
- Pflanzenclips ø 3 cm
- Eisensäge
- Fäustel
- Bolzenschneider

- Trennen Sie zunächst die Stahl-Rundstange mit dem Bolzenschneider in 50 cm lange Teile.
- Schlagen Sie diese beidseitig der Sträucher mit einem Fäustel in Pflanzennähe im Abstand von einem Meter 25 cm tief in den Boden.
- Teilen Sie ein zwei Meter langes Iso-Stangenrohr mit einer Eisensäge genau in der Mitte und behalten das abgeschnittene Teil ohne Muffe. Nun verkleben Sie es mit einem weiteren, diesmal ganzen Stangenrohr an dessen Muffe (siehe Zeichnung Seite 71). Das neue Rohr ist jetzt 3 m lang.
- Stecken Sie das eine Ende über die Rundstange im Boden, biegen Sie das Rohr und stecken es auf der anderen Seite über die andere Rundstange.
- Je mehr Pflanzen Sie schützen möchten, desto mehr dieser rund 1,5 m hohen Bögen müssen Sie aufstellen – mindestens jedoch zwei. Für jeden Bogen wiederum benötigen Sie zwei Stangenrohre und Stahlrundstangen.
- Spannen Sie zum Schluss – möglichst mit einer zweiten Person – das Vogelschutznetz über das Rohrgestell und fixieren Sie es mit Pflanzenclips am Rohr.

Das Netz sollte immer gut am Boden aufliegen, notfalls kann es mit Steinen beschwert werden, ansonsten gelangen die listigen Räuber von unten ins Netz und bleiben dort leider auch mal gefangen.

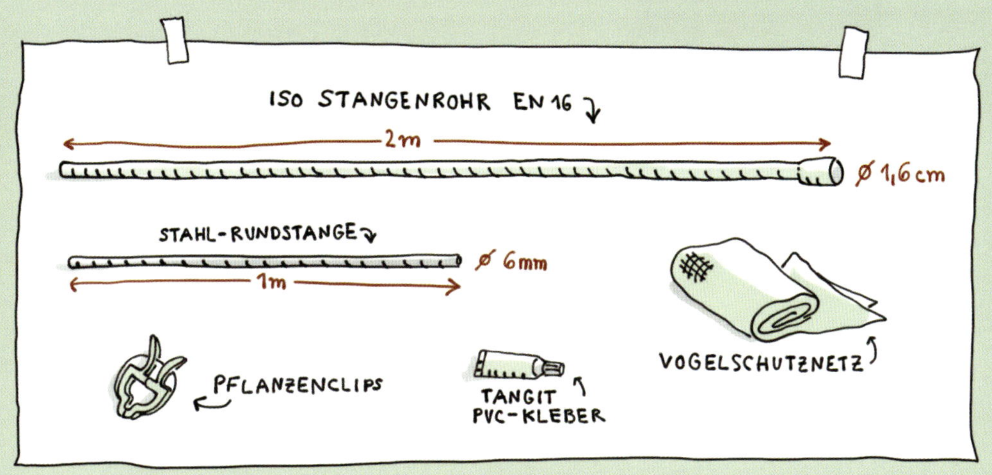
ISO STANGENROHR EN 16
2 m
Ø 1,6 cm
STAHL-RUNDSTANGE
Ø 6 mm
1 m
VOGELSCHUTZNETZ
PFLANZENCLIPS
TANGIT
PVC-KLEBER

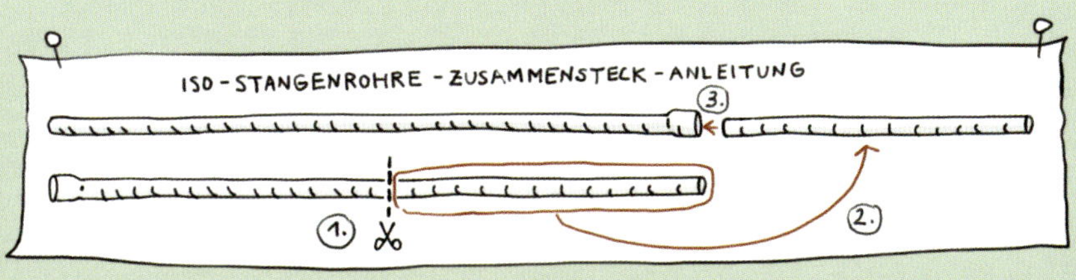
ISO-STANGENROHRE - ZUSAMMENSTECK - ANLEITUNG
3.
1.
2.

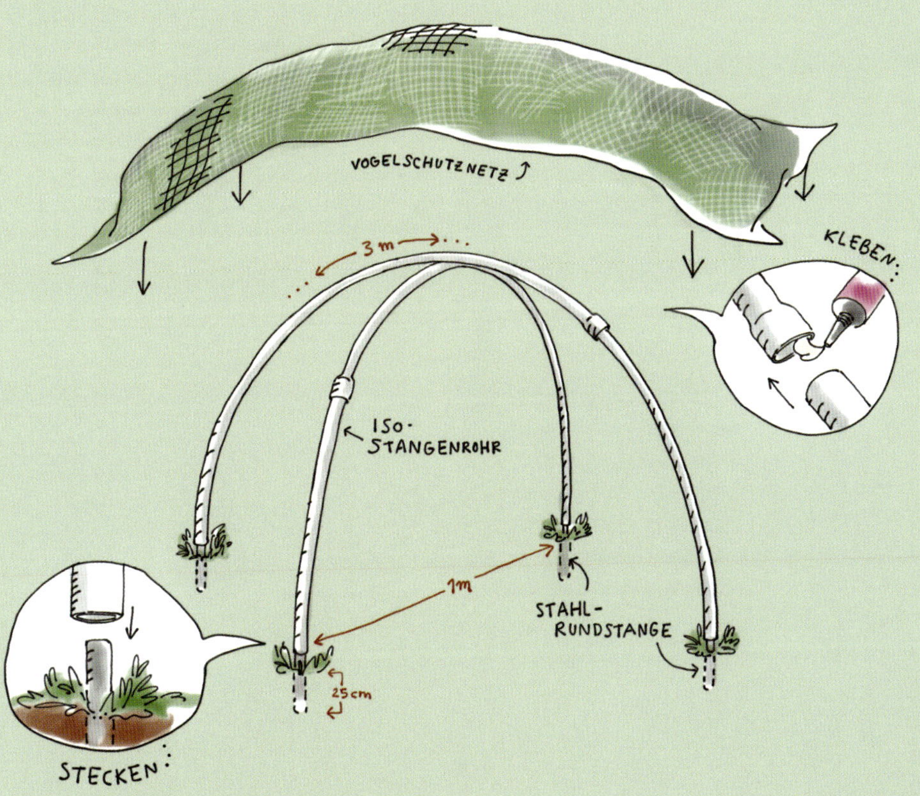
VOGELSCHUTZNETZ
3 m
KLEBEN:
ISO-
STANGENROHR
1 m
STAHL-
RUNDSTANGE
25 cm
STECKEN:

BEETEINFASSUNG AUS WEIDENRUTEN

ZEIT
1/2 Stunde pro laufenden Meter

BAU
mittelschwer

MATERIAL

- Weidenruten
- Haselnusstriebe ø 2–2,5 cm
- Verzinkter Wickeldraht
- Baumsäge
- Fäustel
- Edelstahl-Spanplattenschrauben 3 x 40 mm

- Die Hauptarbeit besteht in der Beschaffung des geeigneten Baumaterials.
- Schneiden Sie die Haselnusstriebe auf eine einheitliche Länge von etwa 50 cm. Spitzen Sie die Triebe an einem Ende leicht an, denn das sind die „Pflöcke", die Sie für das Geflecht benötigen.
- Stecken oder schlagen Sie diese Pflöcke am Beetrand 30 cm tief in den Boden. Für einen laufenden Meter benötigen Sie 4 Stück im Abstand von gut 30 cm.
- Schneiden Sie die Weidenruten auf eine einheitliche Länge zurecht und verwenden Sie möglichst gleichmäßig starkes Material.
- Legen Sie jetzt lagenweise die Weidenruten um die Pflöcke, wobei Sie die Ruten einmal vor und einmal hinter dem Pflock vorbeiführen. Für einen Flechtgang beginnen Sie abwechselnd mit der dickeren und dann mit der dünneren Seite der Rute. Bei einer 20 cm hohen Beeteinfassung müssen Sie mit rund 10–12 Flechtgängen rechnen.
- Falls die Ruten zwischen den Haselnusspflöcken enden, schlagen Sie einen zusätzlichen Haselnusspflock am Beetrand ein und fixieren die Enden daran.
- Es ist zweckmäßig, die Flechtgänge hin und wieder mit einem verzinkten Wickeldraht zu sichern, indem Sie Weide und Haselnuss miteinander verdrahten.
- Sobald die Weidenruten bis an die Oberkanten der senkrechten Pflöcke eingeflochten sind, wird ein gut 2 cm starker und 6 cm langer Haselnusstrieb waagrecht auf die Oberkanten als Abschluss angebracht. Letzterer muss an Ort und Stelle vorgebohrt und mit den Pflöcken verschraubt werden. Danach kann er nach Belieben noch verziert werden. Verwenden Sie für die Abschluss-Arbeiten ausschließlich Edelstahl-Spanplattenschrauben nicht stärker als 3 x 40 mm.

Die Weidenruten sollten möglichst frisch sein, sie lassen sich dann einfacher biegen. Die Pflöcke aus Haselnuss dagegen lassen sich besser verarbeiten, wenn sie getrocknet sind.

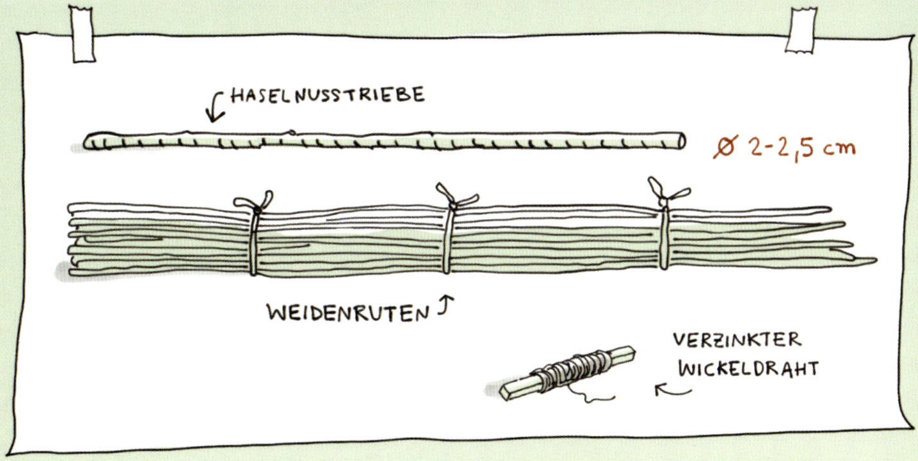
HASELNUSSTRIEBE
Ø 2-2,5 cm
WEIDENRUTEN
VERZINKTER WICKELDRAHT

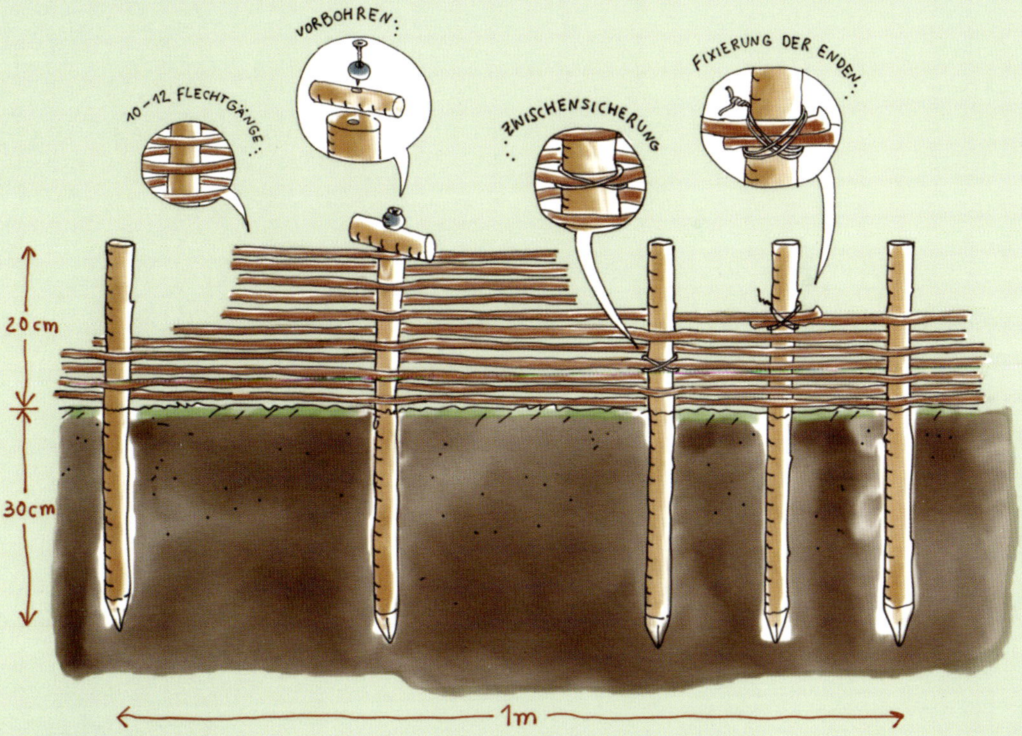
VORBOHREN:
10-12 FLECHTGÄNGE:
ZWISCHENSICHERUNG
FIXIERUNG DER ENDEN:
20 cm
30cm
1m

VARIABLER SCHLAUCHUMLENKER

ZEIT
½ Stunde

BAU
sehr einfach

MATERIAL

- Grüner Zaunpfahl als Rohrhülse, ø 3,4 cm
- Splitt
- Besenstiel 1,4 m lang
- Dekomaterial wie Sektkorken oder Zaunpfahlkappen ø 3,8 cm

WERKZEUG

- Eisensäge
- Fäustel

- Sägen Sie zunächst von dem grünen Zaunpfahl mit der Eisensäge ein 40 cm langes Stück ab – pro Beetecke benötigen Sie ein Stück – und glätten Sie die Schnittkante mit einer Feile. Das Zaunpfahlstück dient später als Rohrhülse.
- Heben Sie unmittelbar am Beeteck, über das beim Gießen sonst gerne der Schlauch gezogen wird, ein etwa 35 cm spatentiefes, quadratisches Loch aus.
- Bringen Sie eine etwa 10 cm hohe Lage Splitt in das Loch ein und drücken Sie das gesägte Zaunpfahlstück senkrecht in den Splitt, sodass es noch etwa 3–5 cm aus dem Erdreich ragt.
- Fügen sie wieder Splitt hinzu, stampfen diesen leicht fest und füllen dann mit Beeterde auf. Die Basis des Schlauchumlenkers ist jetzt fertig.
- Halbieren Sie anschließend einen Besenstiel und stecken Sie die Hälfte in die angelegte Rohrhülse. Die Stielhälfte kann je nach Geschmack noch angemalt oder dekoriert werden.
- Der Besenstiel wird einfach dort eingesteckt, wo gerade gegossen wird. Nach dem Gießen kann der Besenstiel wieder entfernt und die Rohrhülse locker mit einem Sektkorken oder einer grünen Zaunpfahlkappe verschlossen werden.

Um schöne gerade Zaunpfahlstücke zu erhalten, spannt man den Zaunpfahl in einen Schraubstock ein und durchtrennt den Metallpfahl mit einem Trennschleifer.

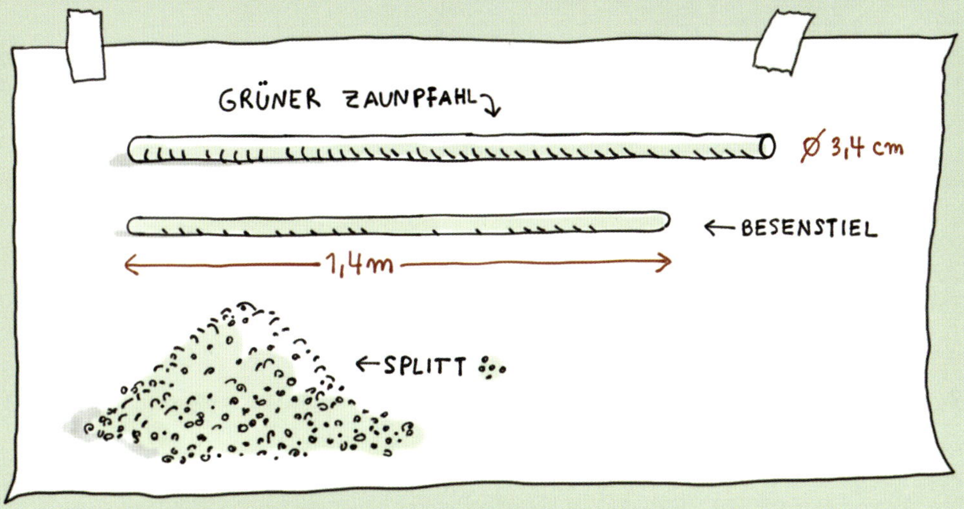
GRÜNER ZAUNPFAHL
Ø 3,4 cm
BESENSTIEL
1,4 m
SPLITT

ZAUNPFAHL
3-5 cm
ERDE
SPLITT
35 cm
10 cm

PALETTEN-TOPFPFLANZENGARTEN

ZEIT
2 Stunden

BAU
einfach

- Suchen Sie einen passenden, sonnigen Platz für Ihren kleinen Topfpflanzengarten und ebnen Sie ihn ein. Sollte das eine Rasenfläche sein, so stechen Sie den Rasen in der Größe der Palette aus.
- Bringen Sie nun den Dränagesplitt auf die vorbereitete Fläche und verteilen ihn möglichst eben mit Schaufel und Rechen.
- Stellen Sie die Palette auf den Dränagesplitt und befestigen Sie rund um die Palette 4 Weidengeflechte mit ein paar wenigen Drahtkrampen an den Klötzen der Europalette.
- Jetzt ist Ihr „Topfpflanzenbeet" fertig. Machen Sie es zu einem Blickfang in Ihrem Garten. Begrünen Sie es mit exotischen Schönheiten wie Bougainvillea oder mediterranen Pflanzen wie Oliven-, Zitronen- oder Feigenbäumchen. Platzieren Sie Gemüse und Kräuter in Töpfen, schmücken Sie das „Beet" mit Sommerblühern und Gartendeko oder machen Sie eine Mischung aus allem. Ganz wie es Ihnen gefällt!

MATERIAL

- 1 Europalette
- Schmales Weidengeflecht (ähnlich der bereits beschriebenen Beeteinfassung auf Seite 72)
- Dränagesplitt 16–32, etwa 120 kg

WERKZEUG

- Drahtkrampen
- Beißzange

Wem die Umrandung aus Weidengeflecht zu aufwendig erscheint, der kann auch ein kleines Mäuerchen aus beispielsweise rot gebrannten Ziegelsteinen errichten.

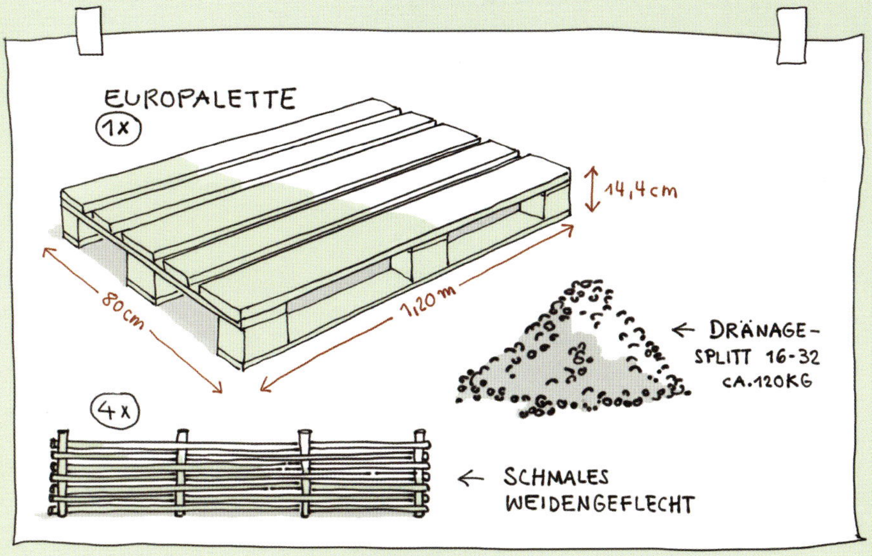
EUROPALETTE
1x
14,4 cm
80 cm
1,20 m
DRÄNAGE-
SPLITT 16-32
CA. 120 KG
4x
SCHMALES
WEIDENGEFLECHT

MIT KRAMPE
BEFESTIGEN...
DRÄNAGE
RASEN
... AUSSTECHEN

PALETTEN-KRÄUTERWAND

ZEIT
2 Stunden

BAU
einfach

> Statt die Palette auf Füße zu stellen, kann sie an zwei etwa 1 m lange Pfähle geschraubt werden, die zuvor etwa 30 cm tief mit dem Vorschlaghammer ins Erdreich versenkt wurden.

- Legen Sie die Einwegpalette flach auf den Boden – mit der Oberseite nach oben – und entfernen Sie mithilfe eines Nageleisens alle Bretter außer denen, die über den Palettenklötzen befestigt sind. Die Palette verfügt dann nur noch über drei Bretter auf jeweils Ober- und Unterseite.
- Nun nageln Sie auf die drei Bretter der Oberseite jeweils mittig ein 12 cm breites und 1 m langes Fichtenbrett, das Sie mit Tafelfarbe streichen.
- Lassen Sie die Farbe einziehen und stellen Sie anschließend die Palette hochkant auf die Breitseite. Fixieren Sie das erste 1,2 m lange sägeraue Brett mit den Schraubzwingen an den untersten Palettenklötzen.
- Nageln Sie das Brett mit den gedrehten Stahlnägeln an den Klötzen fest. Es bildet den Boden eines der drei späteren Pflanzkästen. An die mittleren und obersten Klötze nageln Sie ebenfalls ein 1,2 m langes Brett.
- Messen Sie nun an den Enden der beiden kurzen Kanthölzer, die als „Füße" dienen, jeweils gute 20 cm nach innen und bringen Sie in dem verbliebenen Zwischenraum jeweils zwei durchgehende 5-mm-Bohrlöcher an, durch die Sie anschließend die Spanplattenschrauben (6, 0 x 100 mm) schieben, die jeweils rechts und links in die obersten Klötzen geschraubt werden.
- Noch immer steht die Palette quasi auf dem Kopf. Um die drei neuen Pflanzkästen mit Erde füllen zu können, stellen Sie die Palette auf die Füße. Nun können Sie den vertikalen Garten mit Ihren Lieblingskräutern bepflanzen – oben die Sonnenhungrigen, unten die Schattenverträglichen.
- Sobald die Tafelfarbe vollständig abgetrocknet ist, können Sie Ihren Kräutergarten mit Kreide beschriften.

MATERIAL

- 1 Einwegpalette
- 3 gehobelte Bretter (Fichte) 1,5 x 12 x 100 cm
- 3 sägeraue Bretter 14,5 x 120 cm
- 2 Kanthölzer (Fichte) 4 x 10 x 55 cm
- Gedrehte Stahlnägel 70 mm
- 4 Spanplattenschrauben 6 x 100 mm

WERKZEUG

- 5-mm-Bohrer
- Nageleisen
- Beißzange
- Tafelfarbe und Kreide
- 2 Schraubzwingen

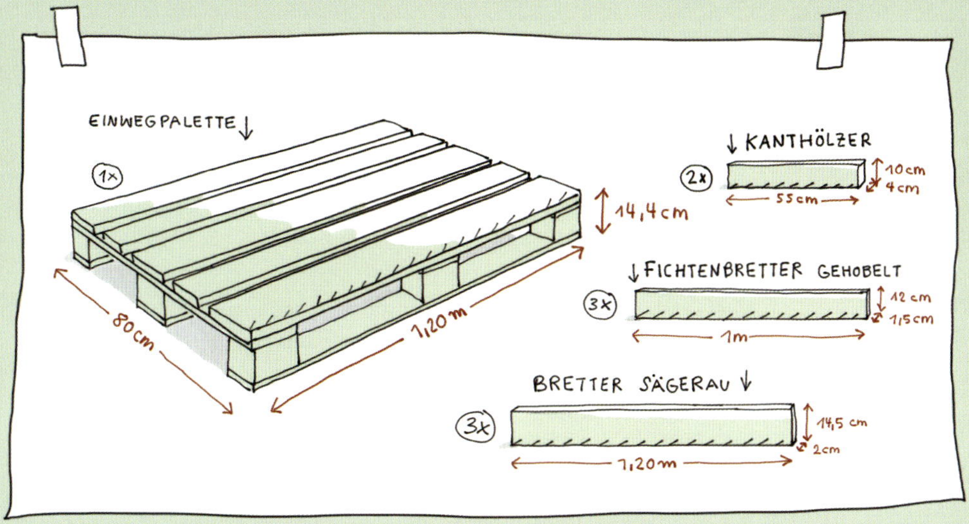

EINWEGPALETTE
1x
14,4 cm
80 cm
1,20 m
KANTHÖLZER
2x
10 cm
4 cm
55 cm
FICHTENBRETTER GEHOBELT
3x
12 cm
1,5 cm
1 m
BRETTER SÄGERAU
3x
14,5 cm
2 cm
1,20 m

MIT ERDE..
BEFÜLLEN
MIT TAFELFARBE
BESTREICHEN...
FESTNAGELN..

KRÄUTERSPIRALE AUS NATURSTEIN

ZEIT
2 Tage

BAU
mittelschwer

Am Fuß der Kräuterspirale könnte noch ein Miniteich mit Foliendichtung angelegt werden: Hier wachsen dann Kräuter, die einen sehr nassen Standort bevorzugen.

- Es ist nicht immer einfach geeignetes Natursteinmaterial zu finden, doch sollte man bei der Suche heimisches Gestein bevorzugen.
- Wählen Sie einen möglichst vollsonnigen Platz im Garten. Für eine etwa 80 cm hohe Kräuterspirale benötigen sie einen Kreisdurchmesser von mindestens drei Metern. Das entspricht knapp 9 m^2. Ebnen Sie die Fläche sehr sorgfältig ein.
- Stecken Sie den geplanten Verlauf der Kräuterspirale zunächst mithilfe einiger zurechtgeschnittenen Haselnussstecken und einer Schnur ab. Orientieren Sie sich dabei an der Form eines Schneckenhauses. Die Spirale sollte sich am Ende in Richtung Süden öffnen.
- Heben Sie nun die abgesteckten Flächen etwa spatentief aus und füllen diesen Graben mit einer 10–15 cm dicken Schicht Dränagesplitt (Körnung 16–32 mm) auf. Der Splitt dient als Fundament und verhindert Staunässe.
- Im Kern der Kräuterspirale sollte die Schicht mit dem Dränagesplitt knapp 50 cm stark sein, nach außen bzw. zur Öffnung hin auslaufend.
- Bauen Sie jetzt die Spirale mit den Steinen schichtweise, allmählich ansteigend auf, bis Sie in der Mitte die Höhe von 80 cm erreicht haben.
- Unebenheiten zwischen den Steinen gleichen Sie mit einem Gartenboden-Lehm-Gemisch aus, ebenso die sich ergebenden Fugen. Diese können Sie dann später ebenfalls bepflanzen.
- Nach dem Aufbau der Steine befüllen Sie die Spirale mit Erde. Verwenden Sie nicht nur reine Gartenerde, sondern berücksichtigen Sie die verschiedenen Feuchtigkeitsbereiche und -ansprüche einzelner Kräuter und mischen Sie Sand, Ton, Lehm oder auch Kompost unter.
- Die Kräuterspirale sollte nicht sofort bepflanzt werden. Erst nach etwa vier Wochen haben sich die aufgefüllten Erdmassen ausreichend gesetzt.

MATERIAL

- Natursteine, kantig, verschiedene Größen
- Dränagesplitt 16–32 mm

WERKZEUG

- Maurerkelle
- Maurerschnur
- Markierungshölzer (z. B. Haselnussstecken)

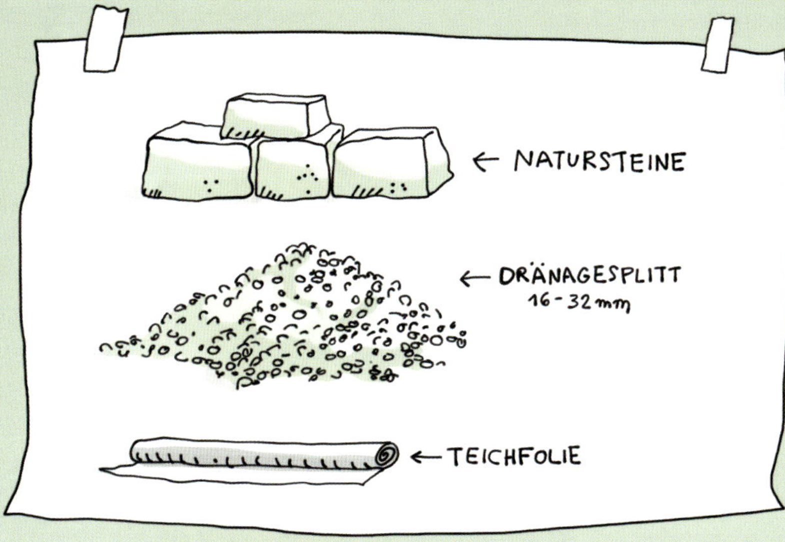
← NATURSTEINE
← DRÄNAGESPLITT
16 - 32 mm
← TEICHFOLIE

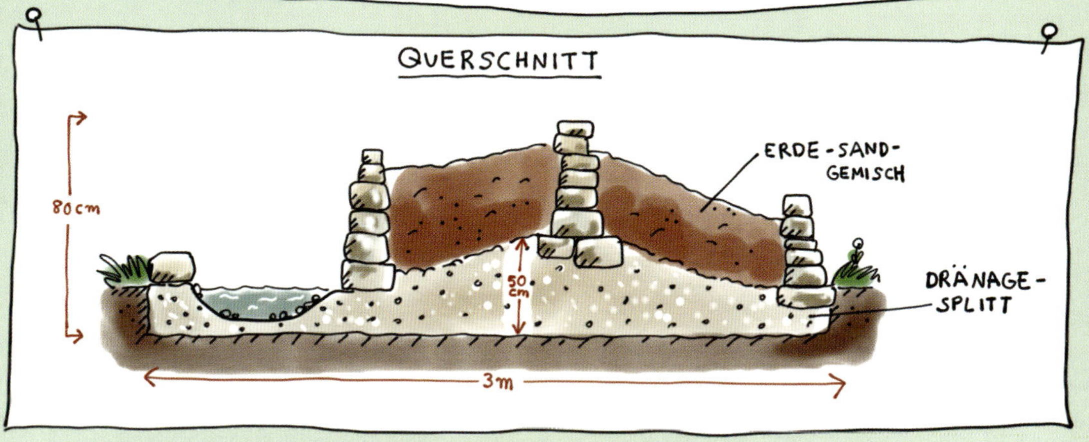
QUERSCHNITT
ERDE-SAND-GEMISCH
80 cm
50 cm
DRÄNAGE-SPLITT
3 m

N
W
O
S

KRÄUTERSPIRALE BEFÜLLEN

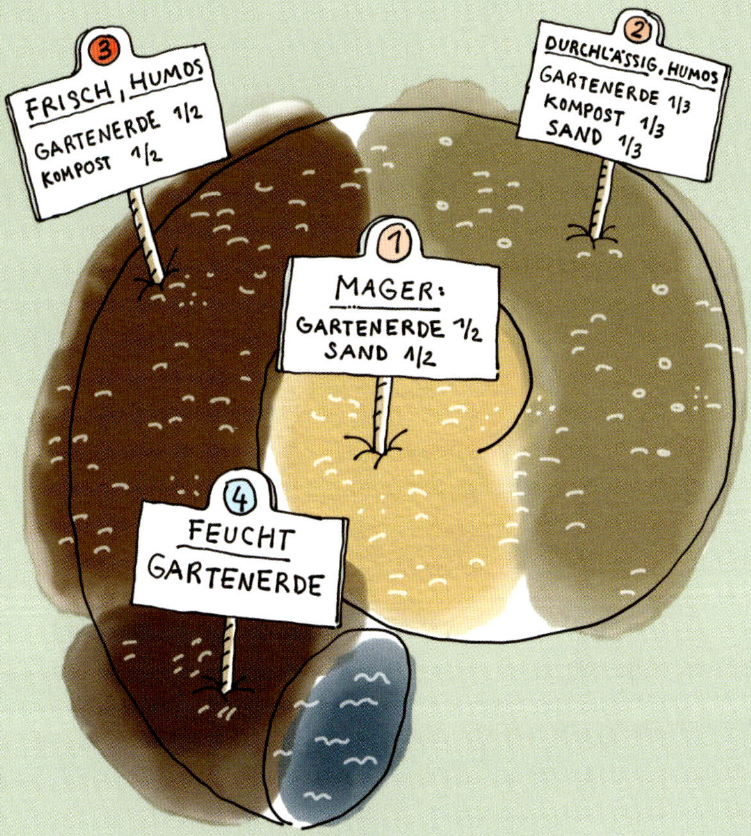

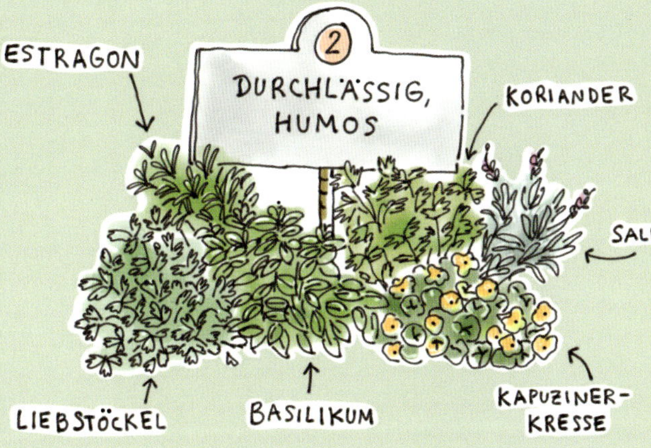
2
DURCHLÄSSIG, HUMOS
ESTRAGON
KORIANDER
SALBEI
KAPUZINER-KRESSE
BASILIKUM
LIEBSTÖCKEL

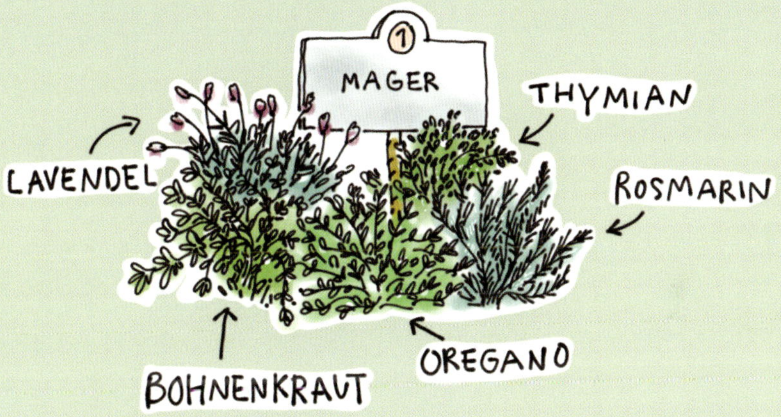
1
MAGER
THYMIAN
LAVENDEL
ROSMARIN
BOHNENKRAUT
OREGANO

4
FEUCHT
BORRETSCH
BRUNNEN-KRESSE
GARTENKRESSE

HOCHBEET AUS HOLZ

ZEIT
2 Tage

BAU
mittelschwer

- Der Platz für ein Hochbeet sollte möglichst sonnig, leicht zugänglich sowie eben sein. Heben Sie die Standfläche 15 cm tief und gut 10 cm größer als den Grundriss des Hochbeets aus und füllen Sie die „Baugrube“ mit Kies.
- Legen Sie in alle vier Ecken der Fläche eine Betonplatte 30 x 30 cm, damit das Beetgerüst einen stabilen Stand hat.
- Beginnen Sie nun mit dem Bau des Beets. Hierzu legen Sie vier der 250 cm langen Baudielen parallel nebeneinander auf die Arbeitsböcke. Messen Sie an den rechten und linken Außenkanten der Dielen jeweils vier Zentimeter nach innen – dieser Abstand ist notwendig, damit später die ebenfalls 4 cm starken Baudielen der Seitenteile bündig mit den Längsseiten abschließen. Befestigen Sie je ein Kantholz entlang diesen „Linien“ mit je einer Schraubzwinge an der obersten und untersten Diele.
- Zeichnen Sie auf jedes der beiden Kanthölzer mittig zwei Bohrlöcher pro Diele an und bohren diese mit einem 10-mm-Holzbohrer durch.
- Schieben Sie nun von der Unterseite Schlossschrauben durch die Bohrlöcher und verschrauben Sie sie mit Unterlegscheibe und Mutter.
- Messen Sie jetzt von der Innenseite des linken Kantholzes 73 cm nach rechts und von der Innenseite des rechten Kantholzes 73 cm nach links und fixieren Sie hier jeweils ein Kantholz mit je einer Schraubzwinge an der obersten und untersten Diele.
- Zeichnen Sie nun wieder auf jedem Kantholz mittig zwei Bohrlöcher pro Diele an und bohren diese durch.

MATERIAL

- 8 Baudielen 4 x 20 x 250 cm
- 8 Baudielen 4 x 20 x 125 cm
- 8 Kanthölzer 5,8 x 5,8 x 80 cm
- 4 Betonplatten 30 x 30 cm
- 96 Schlossschrauben 8 x 140 mm mit durchgehendem Gewinde
- 96 St. 12er-Mutter mit 8-mm-Gewinde
- 96 Unterlegscheiben ø 30 mm
- rund 0,6 m^3 Kies
- Mäusegitter

WERKZEUG

- 10-mm-Holzbohrer
- 4 Schraubzwingen
- 2 Arbeitsböcke
- Eisensäge

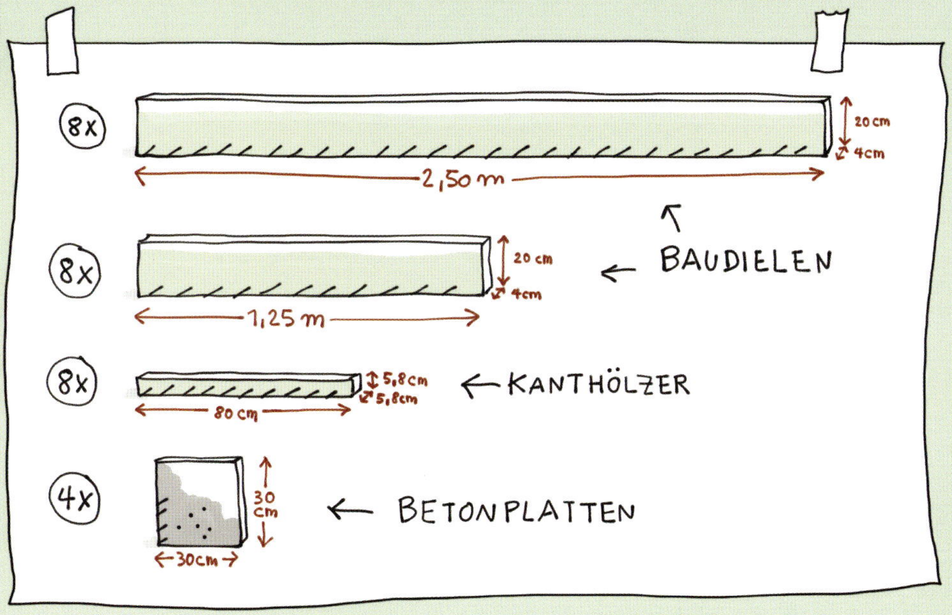

8x
20 cm
4cm
2,50 m
8x
20 cm
4cm
1,25 m
BAUDIELEN
8x
5,8cm
5,8cm
80 cm
KANTHÖLZER
4x
30 cm
30cm
BETONPLATTEN

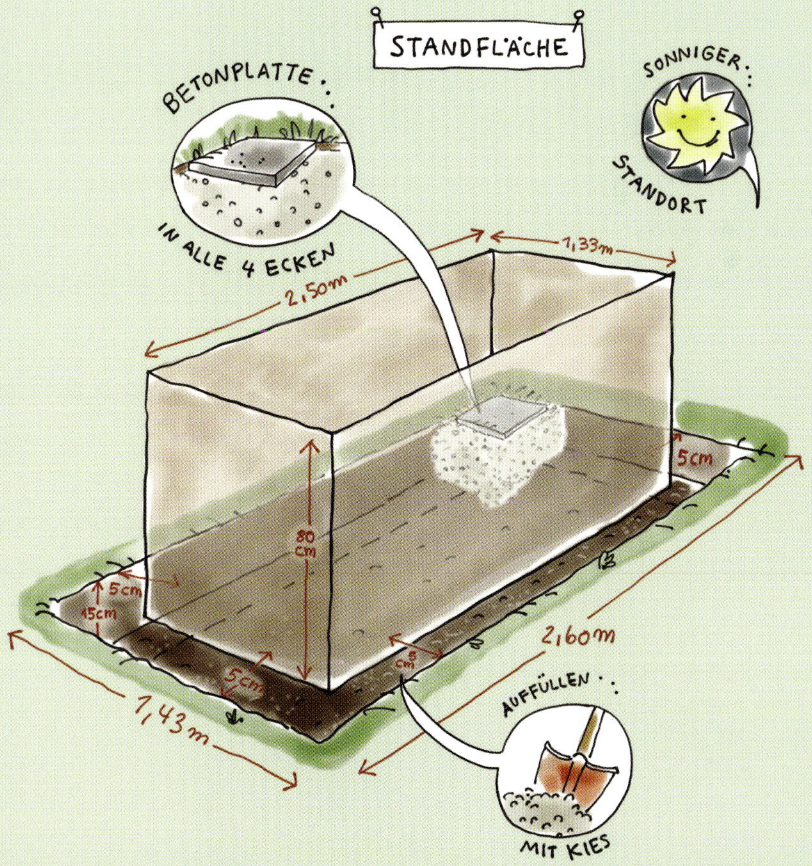

STANDFLÄCHE
BETONPLATTE ...
IN ALLE 4 ECKEN
SONNIGER ...
STANDORT
2,50m
1,33m
5cm
80 cm
5cm
15cm
5cm
5 cm
2,60m
1,43m
AUFFÜLLEN ...
MIT KIES

Wenn Sie auf der Oberkante Ihres neu gebauten Hochbeets einen Frühbeettunnel anbringen, können Sie noch früher gartenfrisches Gemüse ernten.

- Nehmen Sie eine zweite Person zu Hilfe und lehnen Sie das Beetelement an die Arbeitsböcke. Jetzt können Sie die Schlossschrauben durch Kanthölzer und Dielen schieben und verschrauben. Eine Längsseite ist jetzt fertig.
- Verfahren Sie mit der anderen Längsseite ebenso und bringen Sie die beiden fertigen Teile an Ort und Stelle, wo sie nun durch die 125 cm langen Breitseitdielen miteinander verbunden werden. Achten Sie darauf, die Schlossschrauben der Breitseiten entsprechend zu versetzen, sodass sie nicht mit den Schrauben der Längsseiten kollidieren.
- Da das Gewinde der Schrauben knapp 15 mm übersteht, ist es ratsam, um sich nicht zu verletzten, den Überstand mit der Eisensäge zu kürzen – zumindest reihum an der obersten Diele.
- Jetzt steht das Grundgerüst des Hochbeets. Überprüfen Sie den waagrechten Stand mit der Wasserwaage.
- Anschließend bringen Sie auf dem Boden des Beets Mäusegitter als Schutz gegen Nager aus und tackern ihn an den Baudielen fest.
- Nun muss das Hochbeet nur noch fachgerecht befüllt und bepflanzt werden. Die passenden Füllmaterialien sehen Sie in der Zeichnung unten und pflanzen können Sie nach Belieben.

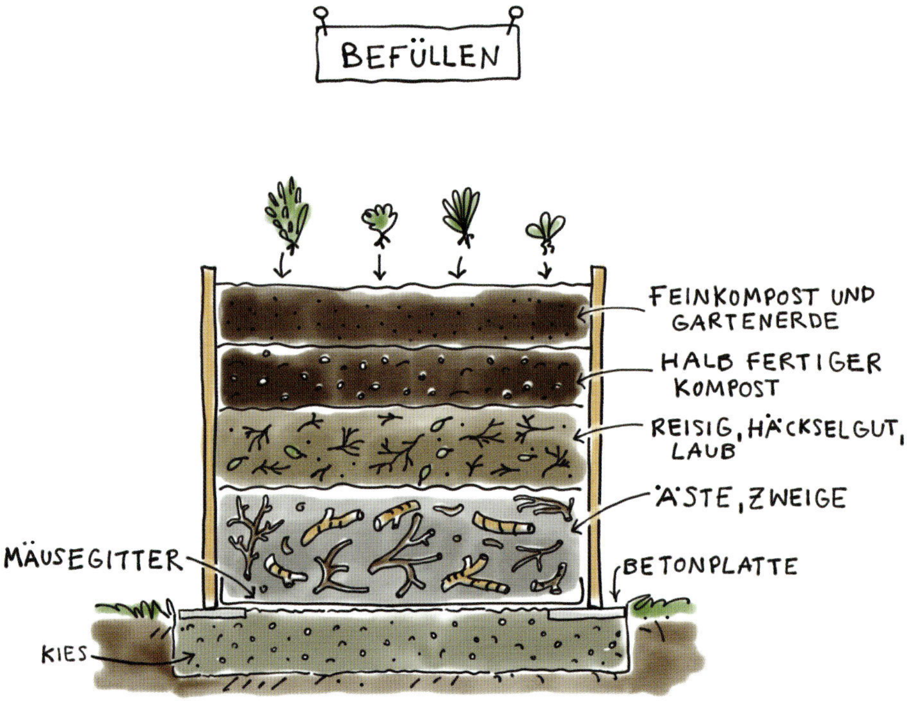

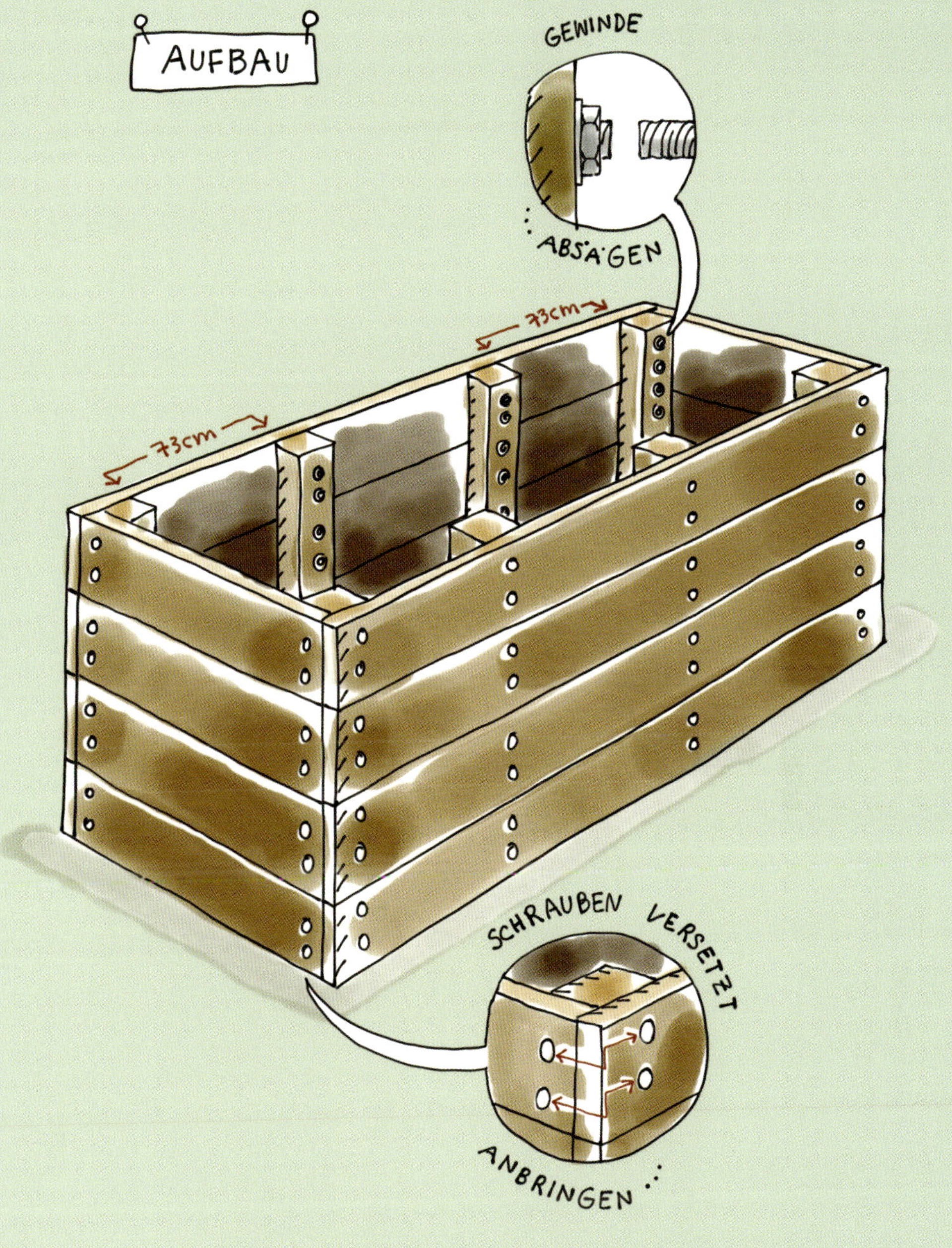
AUFBAU
GEWINDE
ABSÄGEN
73cm
73cm
SCHRAUBEN VERSETZT
ANBRINGEN

WANDERKOMPOSTER

ZEIT
2 Stunden

BAU
einfach

MATERIAL

- 4 Einwegpaletten gleicher Größe
- 8 angespitzte Holzpfähle

WERKZEUG

- Pickel
- Vorschlaghammer

- Wählen Sie einen möglichst schattigen Standort für den Komposter und heben Sie die Bodenoberfläche in den Maßen 1,20 m x 1,50 m etwa 10 cm tief aus.
- Stellen Sie die erste Einwegpalette waagerecht in die ausgehobene Fläche – bündig abschließend mit dem Flächenrand. Fixieren Sie die Palette mit den ersten zwei Holzpfählen genau in den Zwischenräumen der Palette.
- Achten Sie auf einen aufrechten Stand, kontrollieren Sie diesen mit der Wasserwaage und korrigieren Sie gegebenenfalls.
- Stellen Sie nun genau gegenüber die zweite Palette auf und fixieren Sie diese auf die gleiche Weise. Der Abstand der Paletten sollte so groß sein, dass die dritte und vierte Palette jeweils rechts und links dazwischen passt.
- Im nächsten und letzten Schritt werden die beiden seitlichen Paletten eingebaut und ebenfalls mit Pfählen befestigt.
- Für einen sicheren Halt können Paletten und Holzpfähle mit entsprechend langen Holzschrauben zumindest einmal verschraubt werden.

Fragen Sie einfach im Baumarkt nach Einwegpaletten, allerdings sollten es Paletten mit enger Brettbeschichtung sein. Achten Sie auch auf das Herkunftsland: Im Gegensatz zu amerikanischen müssen EU-Einwegpaletten fungizid- und pestizidfrei sein.

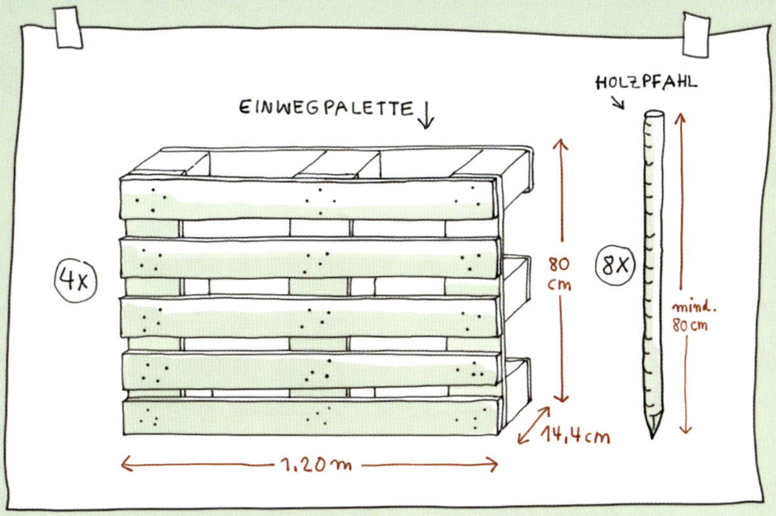
EINWEGPALETTE
HOLZPFAHL
4x
80 cm
8x
mind. 80 cm
14,4 cm
1,20 m

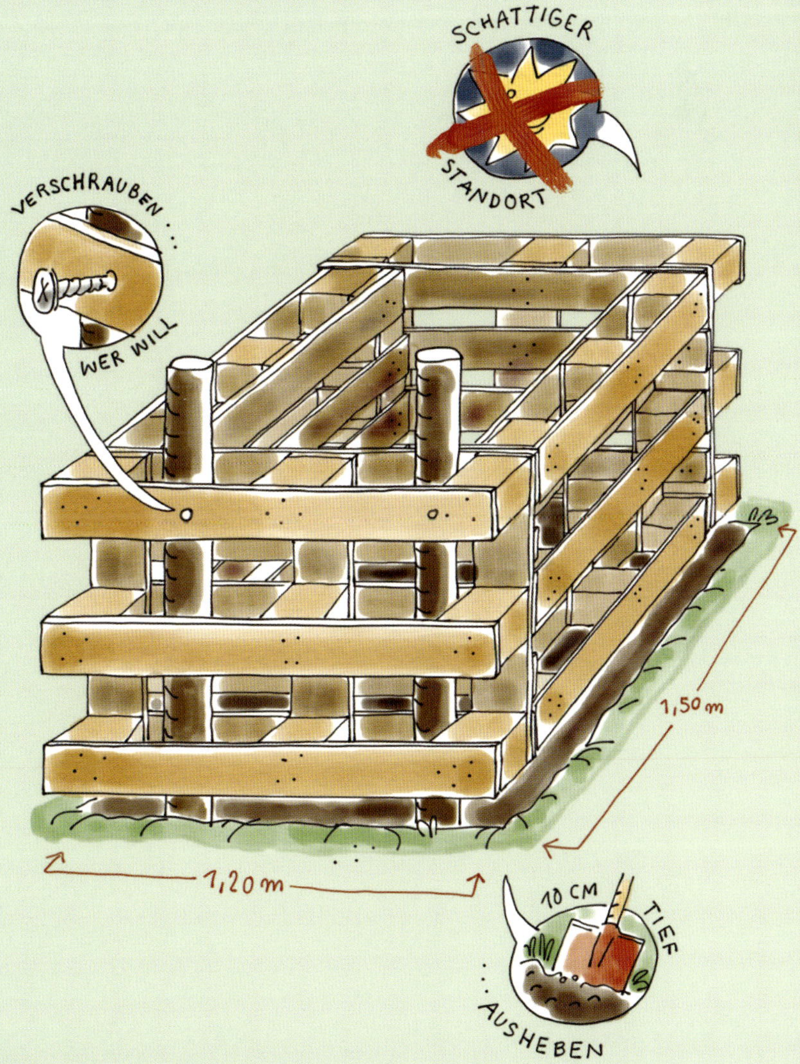
SCHATTIGER STANDORT
VERSCHRAUBEN ...
WER WILL
1,50 m
1,20 m
10 CM TIEF
... AUSHEBEN

REGENWASSERSAMMLER

ZEIT
3 Stunden

BAU
einfach

Nützliches Zubehör, wie Wasserhähne, Schlauchverbindungen, Schraubdeckel, Abdeckungen usw. erhält man im Internet. So kann man seinen Regenwassersammler beliebig erweitern oder verbessern.

- Wählen Sie zunächst einen geeigneten Platz im Garten aus. Er sollte schattig und gleichzeitig so dicht wie möglich an der Dachrinne liegen.
- Ebnen Sie den geplanten Standort sorgfältig ein und verdichten Sie ihn mit einer 15–20 cm dicken Lage Schotter, der festgestampft werden sollte.
- Platzieren Sie die vier Hohlblocksteine an den Eckpunkten der Fläche, die den Maßen der Palette entsprechen muss, auf der der Tank befestigt ist.
- Stellen Sie danach den Tank samt Palette auf die Hohlblocksteine und richten Sie ihn mit einer Wasserwaage aus.
- Schließen Sie nun mithilfe der grauen HT-Rohre, Winkel und Verbindungsstücke den Tank über seine oben liegende Öffnung an das Fallrohr der Dachrinne an. Die Menge des benötigten HT-Materials muss individuell ermittelt und verbaut werden.
- Schrauben Sie noch einen Kugelhahn auf den Originalauslauf auf. Der Kipphebel ist nicht für den Dauerbetrieb geeignet, jedoch sehr praktisch für gelegentliche Wartungsarbeiten.
- Setzen Sie direkt unter dem Hahn eine 30 cm x 30 cm große Betonplatte in die Erde ein, auf der Sie später eine Gießkanne zum Befüllen abstellen können.
- Wenn Sie einen weiteren IBC-Behälter aufstellen möchten, können Sie diesen ganz einfach mit dem ersten verbinden, indem Sie oben in den Seitenwänden mit einem HSS-Lochfräser jeweils ein 70-mm-Loch anbringen und dort eine Gummilippendichtung DN 70 einsetzen. Die beiden Fässer können nun über ein Schlauchsystem miteinander verbunden werden.

MATERIAL

- 1 IBC Tank (Intermediate bulk tank)
- 4 Hohlblocksteine
- 1 Betonplatte, 30 cm x 30 cm
- Schotter
- Diverse HT-Rohre und Winkelstücke, ø 10 cm
- 1 Kugelhahn

WERKZEUG

- Spaten
- Rechen
- Maurerkelle
- Gummihammer

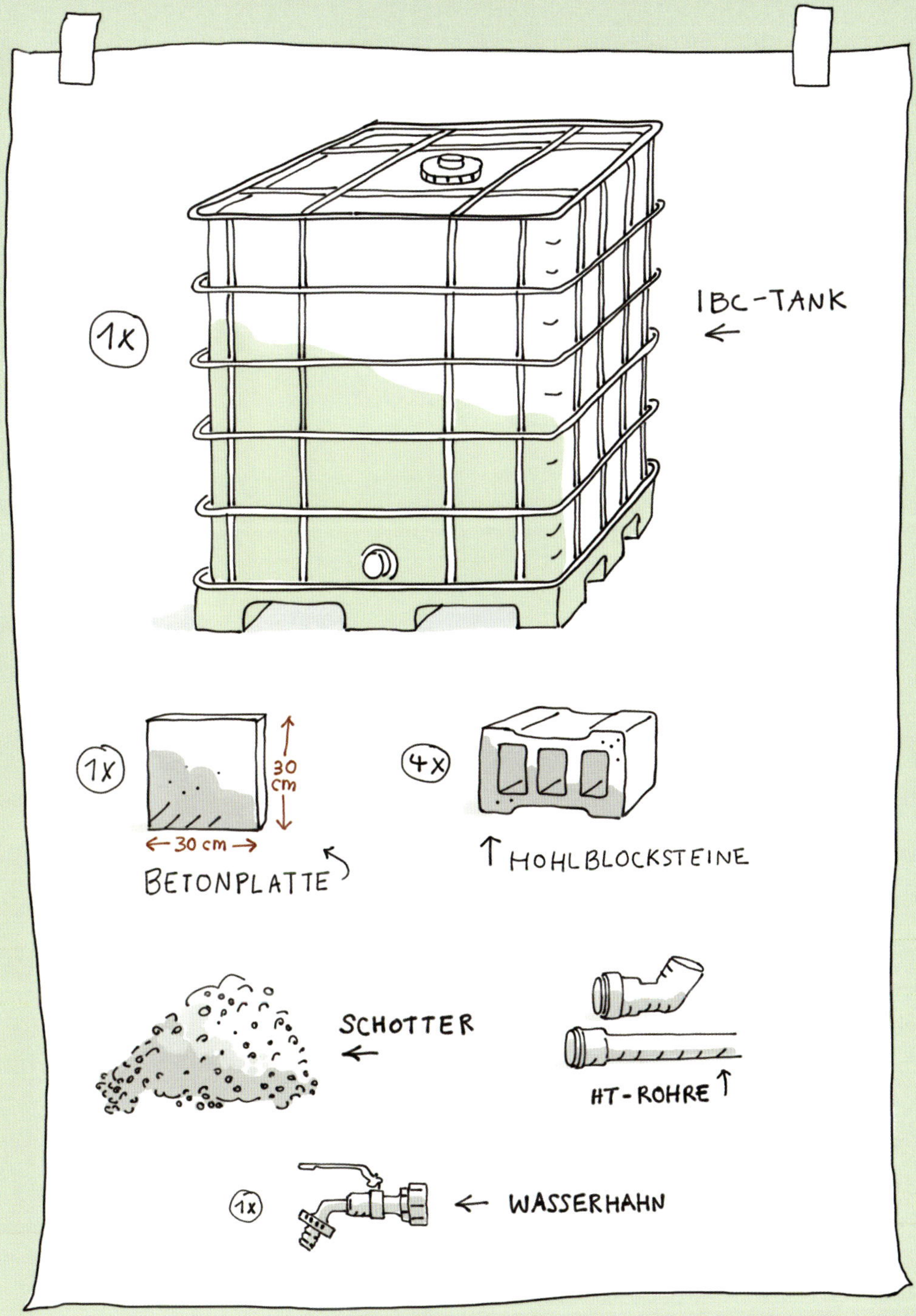
1X
IBC-TANK
1X
30 cm
30 cm
BETONPLATTE
4X
HOHLBLOCKSTEINE
SCHOTTER
HT-ROHRE
1X
WASSERHAHN

STANDORT
SCHATTIG
NEBEN DEM FALL-ROHR

2 FÄSSER VERBINDEN
TANKWAND
GUMMILIPPENDICHTUNG
DN 70
HSS-LOCHFRÄSER
7 cm
SCHLAUCH

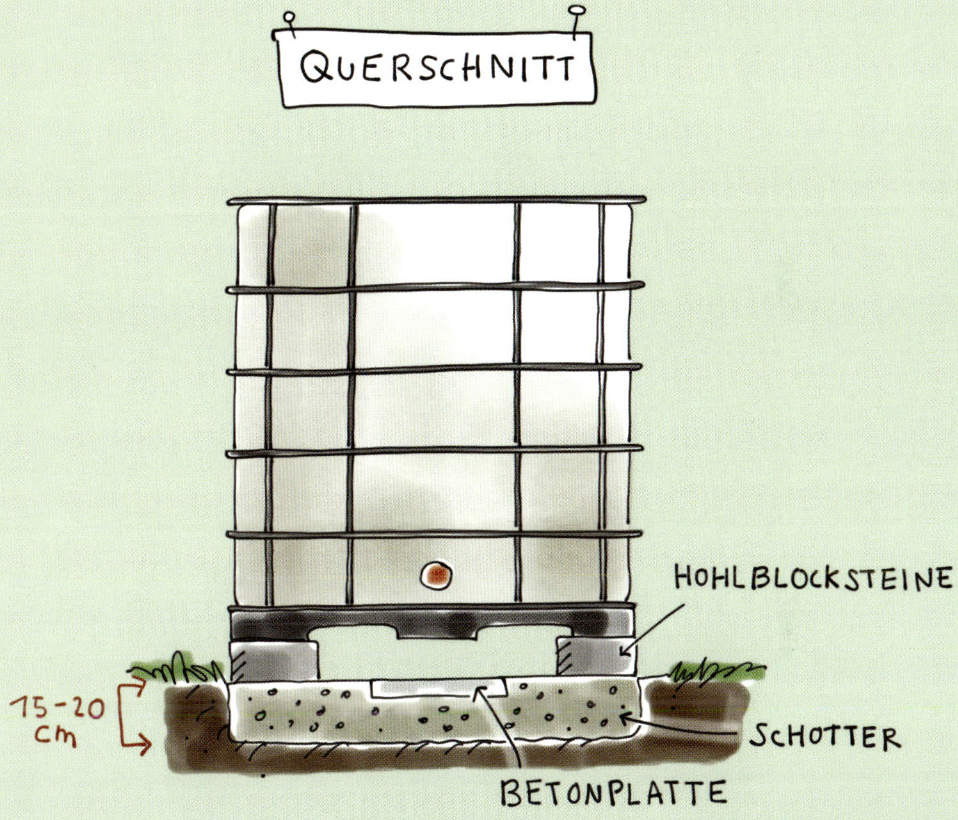
QUERSCHNITT
HOHLBLOCKSTEINE
15-20 cm
SCHOTTER
BETONPLATTE

PFLANZTISCH MARKE EIGENBAU

ZEIT
1 Tag

BAU
mittelschwer

MATERIAL

- 2 Kanthölzer 7,8 x 7,8 x 120 cm
- 4 Kantholz 7,8 x 7,8 x 90 cm
- 4 Kantholz 7,8 x 7,8 x 65 cm
- 1 Kantholz 7,8 x 7,8 x 104,4 cm
- 8 Kanthölzer 7,8 x 7,8 x 40 cm, auf 45 °-Gehrung gesägt
- 1 beschichtete Multiplexplatte 1,8 x 90 x 130 cm
- 1 Glattkantbretter (Fichte) 1,8 x 20 x 130 cm breit
- 2 Glattkantbretter 20 x 60 cm
- 40 Spanplatten-schrauben 6 x 100 mm
- 4 Spanplatten-schrauben 6 x 80 mm
- 12 Betonplatten 30 x 30 cm

WERKZEUG

- Kappsäge
- Arbeitsböcke
- Anlegewinkel
- 3-mm-Bohrer
- 6-mm-Holzsenker

- Ebnen Sie den Stellplatz für den Pflanztisch ein und verlegen Sie die 12 Betonplatten 30 x 30 cm mit der Wasserwaage als spätere Stellfläche für den Tisch.
- Sägen Sie zunächst alle benötigten Kanthölzer auf Maß. Am besten gelingt das mit einer Kappsäge oder einer Stichsäge mit entsprechend langem Sägeblatt. Notfalls geht auch ein Fuchsschwanz.
- Markieren Sie danach alle geplanten Verschraubungen mit einem Bleistift und dem Anlegewinkel und bohren diese mit einem 3-mm-Holzbohrer jeweils mittig vor, anschließend mit einem 6-mm-Holzsenker nach.
- Jetzt setzen Sie die Kanthölzer als Tischgestell zusammen. Schrauben Sie zunächst jeweils ein 120 cm langes Kantholz auf zwei 90 cm lange Hölzer – die späteren Tischbeine.
- Die beiden U-förmigen Teile werden nun durch die vier 65 cm langen Kanthölzer miteinander verbunden, wobei zwei der Kanthölzer oben bündig mit den beiden 120 cm langen Hölzern abschließen. Die beiden anderen 65-cm-Kanthölzer schrauben Sie mit einem 20-cm-Bodenabstand an die Tischbeine an.
- Auf selber Höhe bringen Sie auf der Tischrückseite noch das 104,4 cm lange Kantholz an. Der vordere Bereich bleibt offen.
- Zur besseren Stabilität werden die acht 40 cm langen, auf 45°-Gehrung gesägten Kanthölzer als obere Verstrebung der Tischbeine eingepasst und verschraubt.
- Die Tischplatte wird mit den 4 kürzeren Schrauben von unten und mit etwa 5 cm Überstand auf das nun fertige Gestell geschraubt. Das funktioniert am besten, wenn Sie die Platte auf zwei Arbeitsböcke legen, das Gestell gedreht daraufstellen und vor dem Bohren mit Schraubzwingen fixieren.
- Zuletzt befestigen Sie an dem wieder auf seine Füße gedrehten Tisch die 20 cm breiten Glattkantbretter als hintere und seitliche Umrandungen an den Tischkanten (siehe Zeichnung Seite 95). Achten Sie darauf, dass Sie hierbei nicht mit zuvor gesetzten Schrauben kollidieren.

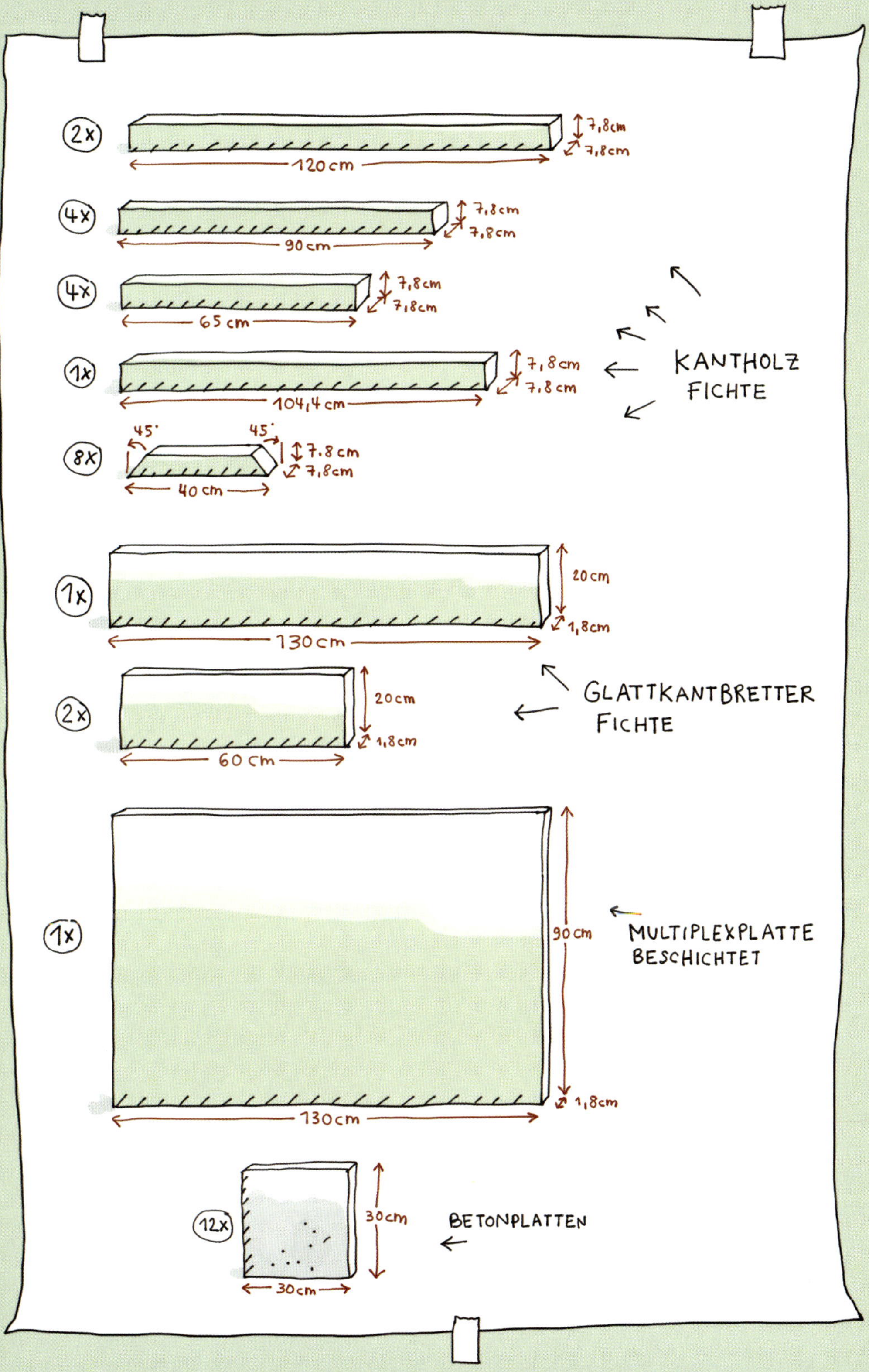

2x
7,8cm
7,8cm
120cm
4x
7,8cm
7,8cm
90cm
4x
7,8cm
7,8cm
65 cm
1x
7,8cm
7,8cm
104,4cm
8x
45°
45°
7.8cm
7,8cm
40cm
KANTHOLZ
FICHTE
1x
20cm
1,8cm
130cm
2x
20cm
1,8cm
60cm
GLATTKANTBRETTER
FICHTE
1x
90cm
1,8cm
130cm
MULTIPLEXPLATTE
BESCHICHTET
12x
30cm
30cm
BETONPLATTEN

60cm
130cm
20cm
120cm
90
cm
65cm
104,4cm
20cm

BETONPLATTEN
VERLEGEN ..

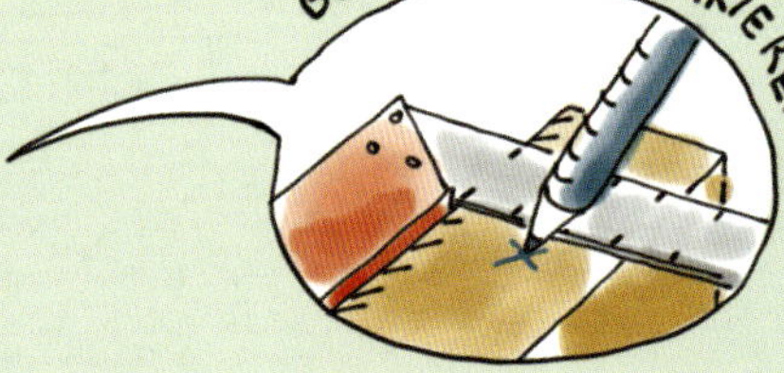
BOHRUNGEN MARKIEREN...

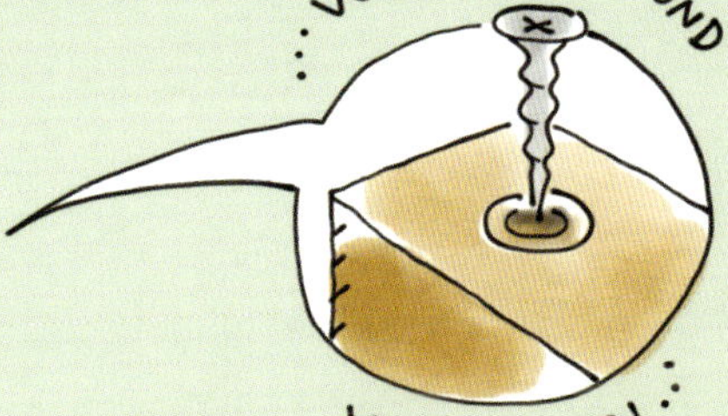
... VORBOHREN UND
VERSENKEN ..

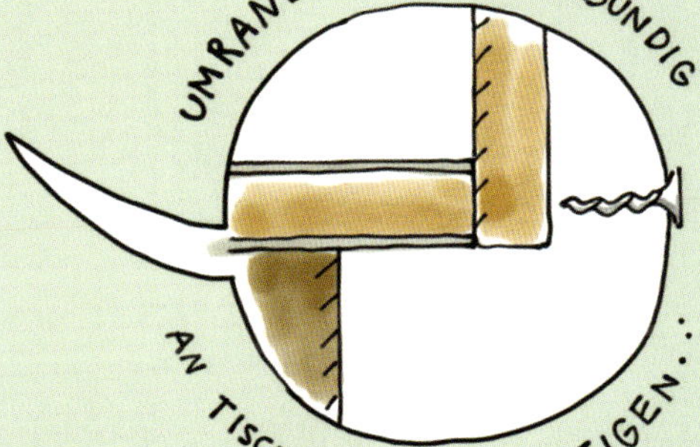
UMRANDUNG UNTEN BÜNDIG
AN TISCHPLATTE BEFESTIGEN ..

SAATGUTBOX

ZEIT
2 Stunden

BAU
sehr einfach

> Wer sich nicht so viel Arbeit machen möchte, der verwendet gleich eine ausgediente Weinkiste mit Deckel und schneidet nur die passenden Trennblätter zu.

- Sägen Sie zunächst die Glattkantbretter mit einer Stichsäge auf Maß und glätten Sie die Schnittkanten mit Sandpapier.
- Die Bohrlöcher mit einem Bleistift auf den vorgefertigten Brettchen markieren und mit einem 3-mm-Bohrer vorbohren. Bohren Sie dann mit einem 5-mm-Holzsenker nach, damit die Schraubenköpfe später versenkt werden können.
- Stellen Sie jetzt die beiden schmalen Seitenteile zwischen die beiden langen Seitenteile und schrauben Sie diese mit jeweils 4 Schrauben (3 x 40 mm) zusammen.
- Legen Sie anschließend die 2 Bodenbretter auf und schrauben Sie diese ebenfalls fest.
- Die 2 Bretter für den Deckel müssen zunächst mit 2 dünnen Latten und den 4 kurzen Schrauben zusammengesetzt werden. Die dünnen Latten sollten vorgebohrt werden, sie könnten beim Verschrauben sonst leicht reißen.
- Nun befestigen Sie die 2 Kistenscharniere jeweils außen oben auf dem Deckel und an einem Längsseitenteil. Bei Letzterem ebenfalls außen.
- Zuletzt schrauben Sie die Öse des kleinen Sturmhakens mittig an die Deckelkante, den Haken selbst an das Längsseitenteil. Hierzu verwenden sie die 4 Mini-Schräubchen.
- Die „Trennblätter“ aus dünnem Sperrholz schneiden Sie mit einer Stichsäge auf Maß und verwenden sie je nach Bedarf als variable Abtrennung zwischen einzelnen Tütchen in der Saatgutkiste.

MATERIAL

- 2 Glattkantbretter (Fichte) 1,2 x 12 x 40 cm (lange Seiten)
- 2 Glattkantbretter 1,2 x 12 x 18 cm (schmale Seiten)
- 4 Glattkantbretter 1,2 x 10,2 x 40 cm (Deckel und Boden)
- 2 dünne Holzlatten 0,5 x 2 x 18 cm
- 5 „Trennblätter“ (Sperrholz) 10 x 18 cm
- 24 Spanplattenschrauben 3 x 40 mm
- 4 Spanplattenschrauben 3 x 12 mm
- 2 Kistenscharniere 10 cm plus 12 Schrauben
- 1 Sturmhaken 8 cm plus 4 kleine Schräubchen

WERKZEUG

- Stichsäge
- Arbeitsplatte mit Klemmvorrichtung
- 3-mm-Bohrer
- 5-mm-Senkbohrer

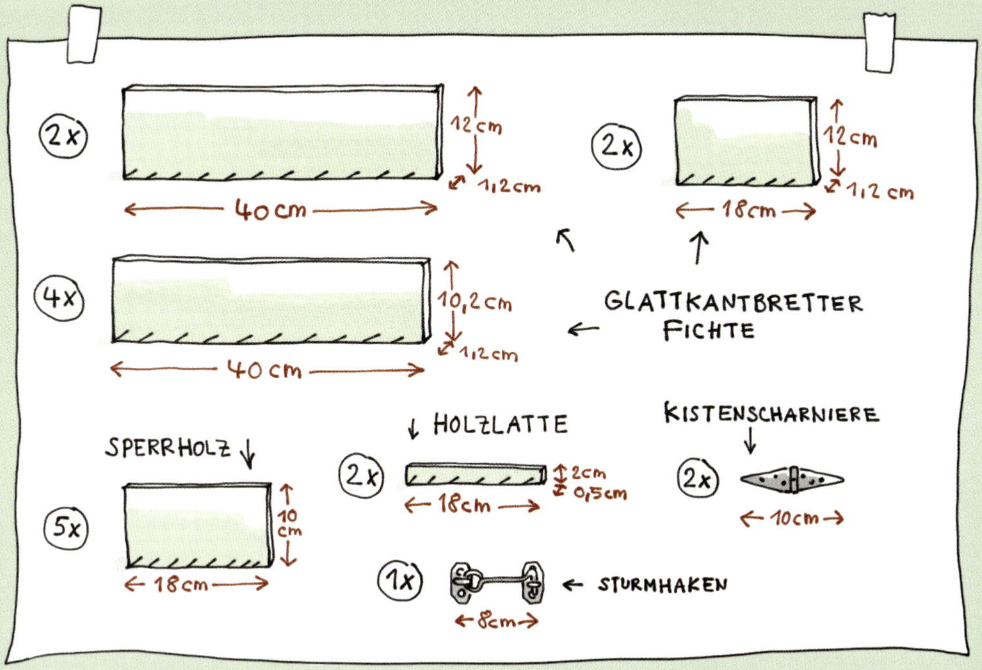

2x
12 cm
1,2 cm
40 cm
2x
12 cm
1,2 cm
18 cm
4x
10,2 cm
1,2 cm
40 cm
GLATTKANTBRETTER FICHTE
SPERRHOLZ
5x
10 cm
18 cm
HOLZLATTE
2x
2 cm
0,5 cm
18 cm
KISTENSCHARNIERE
2x
10 cm
1x
STURMHAKEN
8 cm

AUSSEN BEFESTIGEN...
...VORBOHREN UND VERSENKEN

Gartenwerkzeugkasten

Zeit
2 Stunden

Bau
sehr einfach

Wem solch ein Werkzeugkasten für den Garten zu akkurat erscheint, der kann sich auch eine Kiste aus Fichten-Schwartenholz bauen. Die sieht sehr rustikal aus, erfüllt aber den gleichen Zweck.

- Glätten Sie zunächst die scharfen Sägekanten, ohne dabei die farbige Beschichtung der im Baumarkt zugeschnittenen Multiplexplatten zu verkratzen, mit einem feinen Sandpapier.
- Zeichnen Sie die Bohrlöcher mit einem Filzstift auf den vorgefertigten Längs- und Schmalseitenteilen an und bohren Sie sie mit einem 3-mm-Bohrer vor. Die Bohrlöcher mit einem 5-mm-Schraubensenker sehr flach nachbohren.
- Alle aufliegenden Schnittkanten unmittelbar vor dem Verschrauben sehr dünn mit Holzleim einstreichen. Lange und schmale Seitenteile jetzt als Kasten zusammenschrauben.
- Danach den Boden auflegen und anschrauben – mit 3 Schrauben in der Längs- und 2 Schrauben in der Querrichtung.
- Die 2 Buchenholzleisten für den Tragegriff und mit dem Boden abschließend außen an die langen Seitenteile, rechts und links des Kastens, mit jeweils 2 Schrauben befestigen. Jetzt die 34 cm lange Abschlussleiste oben aufsetzen und rechts und links einmal verschrauben. Vorbohren nicht vergessen!
- Nun sägen Sie mit einer Stichsäge die Griffaussparung aus dem Sperrholzbrettchen aus. Die halbrunde Aussparung sollte etwa 11 cm breit und 3 cm tief sein.
- Anschließend verleimen Sie das Brettchen unterhalb der Abschlussleiste und rechts und links an den Leisten.
- Zuletzt bringen Sie die zwei Rundhölzer übereinander im Kasteninnern an und verschrauben sie von außen. Ein Abstand von 10–12 cm zu einem Schmalseitenrand wäre ideal, um Rosenscheren aufrecht in dem Gartenwerkzeugkasten aufbewahren zu können.

Material

- Farbig beschichtete Multiplexplatten, 18 mm stark, auf folgende Maße geschnitten:
- 1 Boden 30 x 50 cm
- 2 lange Seitenteile 18 x 50 cm
- 2 schmale Seitenteile 18 x 26,4 cm
- 2 Buchenholzleisten 2 x 3 x 40 cm
- 1 Buchenholzleiste 2 x 3 x 34 cm
- 1 Sperrholzbrettchen 10 x 30 cm
- 2 Buchenrundhölzer ø 2,5 cm, 26,4 cm lang
- 28 Spanplattenschrauben 3 x 30 mm
- 2 Spanplattenschrauben 4 x 40 mm

Werkzeug

- Arbeitsplatte mit Klemmvorrichtung
- Stichsäge
- Sandpapier
- Holzbohrer
- Schraubensenker
- Holzleim

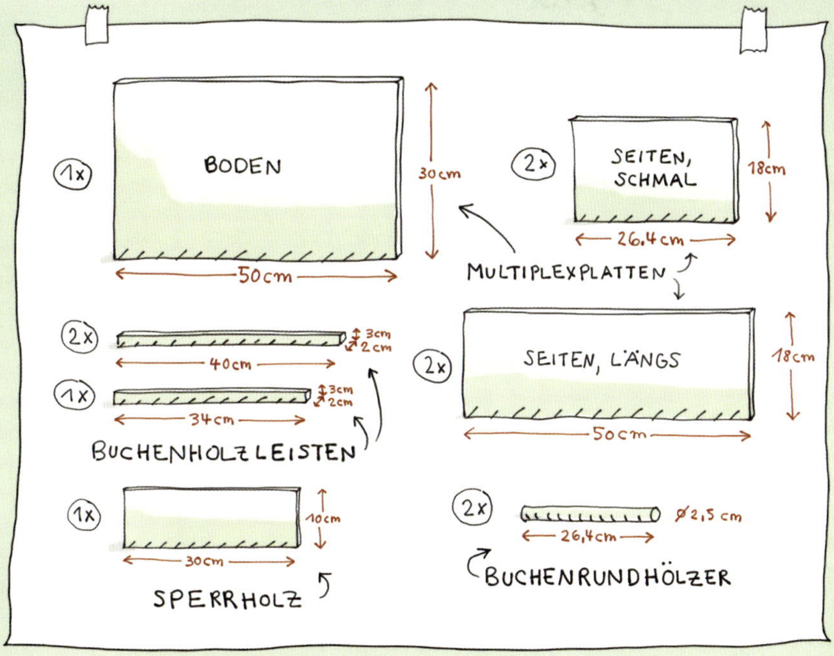
1x
BODEN
30cm
50cm
2x
SEITEN, SCHMAL
18cm
26,4cm
MULTIPLEXPLATTEN
2x
3cm
2cm
40cm
1x
3cm
2cm
34cm
BUCHENHOLZLEISTEN
2x
SEITEN, LÄNGS
18cm
50cm
1x
10cm
30cm
SPERRHOLZ
2x
Ø2,5 cm
26,4cm
BUCHENRUNDHÖLZER

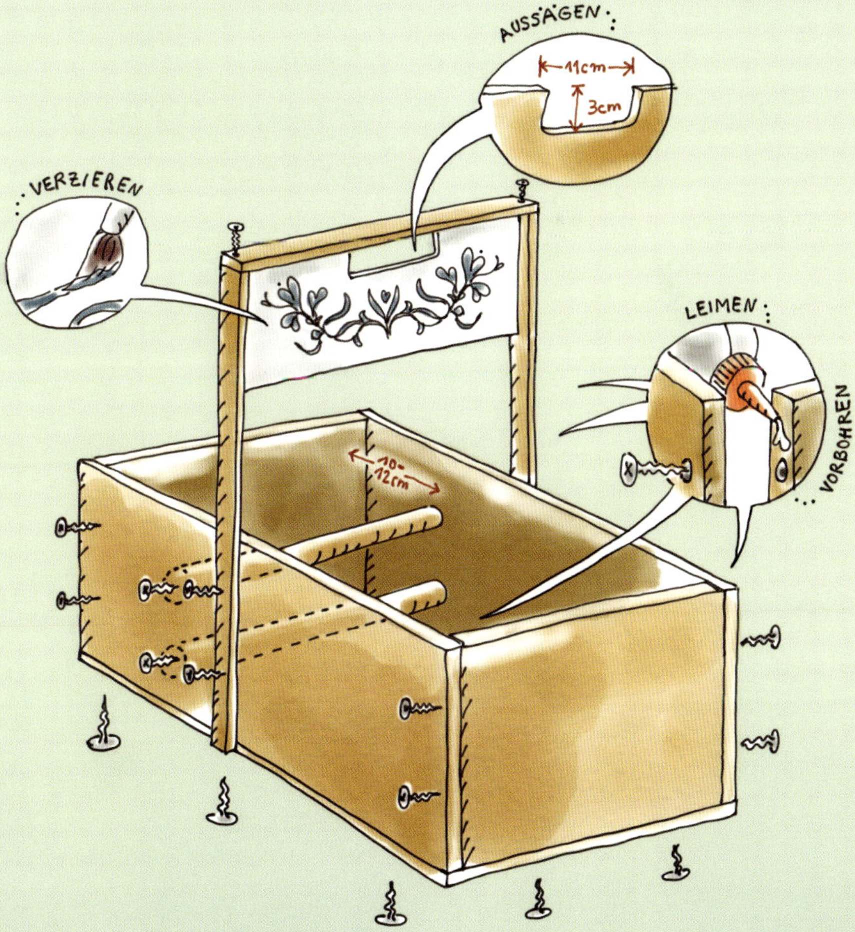
AUSSÄGEN:
11cm
3cm
VERZIEREN
LEIMEN:
VORBOHREN
10-12cm

KOMFORTABLES UND KÖSTLICHES FÜR GARTENMITBEWOHNER

Öffnen Sie ein neues Gartentor für die Natur, dann ziehen nützliche Gartenhelfer gern bei Ihnen ein.

Insekten wie Florfliegen, Schwebfliegen oder Marienkäfer ernähren sich von Blattläusen und anderen Schädlingen. Außerdem bestäuben sie die Obstbäume und andere Gartenpflanzen. Mit einem Insektenhotel bieten Sie den Nützlingen auf Ihrem Grundstück ein Zuhause. Dieses kleine Hotel sollte in jedem Garten gleich mehrfach aufgehängt werden. Seite → **106**

Meisenknödel sind nahrhafte Winterfutterergänzung, an denen sich auch gerne Spechte und Sperlinge bedienen. Solch ein außergewöhnlicher Meisenknödelhalter ist nicht nur schön, sondern schützt die Knödel vor Witterungseinsflüssen und Knödelräubern. Seite → **108**

Viele unserer Gartenvögel sind Höhlenbrüter, die ihre Nester gern in Höhlen bauen. Wo morsche Bäume als geeignete Brutplätze fehlen, kann man mit Nistkästen nachhelfen. Je nach Größe des Einfluglochs kommen Kleiber, Meisen oder Stare zum Nisten in den Garten. Manchen Vögeln dienen die Nistkästen nicht nur als Brutstätten, sondern auch als Winterquartier. So ein Nistkasten im Garten nützt nicht allein unserer heimischen Vogelwelt, er ist auch für den Gartenbesitzer interessant, da er die Vögel sommers wie winters beobachten kann. Seite → **110**

Ohrenzwicker sind nacht- und dämmerungsaktive Nützlinge, die tagsüber gern ein Versteck aufsuchen, in dem es dunkel und trocken ist. Auch sollte das Quartier keine großen Temperaturschwankungen aufweisen. Die wenigsten Menschen wissen, dass der Ohrenzwicker Unmengen von Blattläusen vertilgt. Ein Grund mehr, ihm einen Unterschlupf zu gewähren. Seite → **112**

Igel sind Einzelgänger und überwiegend in der Nacht aktiv. Jeder liebt die possierlichen, zumeist stark mit Flöhen besetzen Stachler, die uns im Garten sehr nützlich sind. Auf dem Speiseplan der willkommenen Schneckenvertilgern stehen außerdem Spinnen, Regenwürmer und Insekten, sogar Frösche und Mäuse. Doch auch Igel sind gefährdet, denn die Zersiedelung der Landschaft, die Versiegelung von Flächen und vor allem der Straßenbau schränken ihren Lebensraum stark ein. Die Nahrungssuche ist erschwert und häufig fehlt es den Igeln an Unterschlupfmöglichkeiten. Warum nicht mal einen komfortablen Bungalow für sie bauen. Seite → **114**

Unsere heimischen Fledermaus-Arten verspeisen fast ausschließlich Insekten – und zwar jede Nacht und jede Menge, und bis zu einem Drittel des eigenen Körpergewichts. Leider sind die Insekten vielfach durch Pflanzenschutzmittel oder andere Chemikalien belastet. Die mit der Nahrung aufgenommenen Umweltgifte sammeln sich im Fledermauskörper an und schwächen die Tiere. Häufig auch deren Nachwuchs. Darüber hinaus machen große Monokulturflächen in der Landwirtschaft, die Zerstörung des natürlichen Lebensraums und der Mangel an Unterkünften den Fledermäusen schwer zu schaffen, was zu einem dramatischen Rückgang der Fledermauspopulationen in Deutschland geführt hat. Umso wichtiger ist es, den kleinen, streng geschützten Tierchen zu helfen. Dabei ist es so einfach, ihnen ein passendes Domizil zu bieten. Seite → **116**

KLEINES, ABER FEINES INSEKTENHOTEL

ZEIT
1 Stunde

BAU
einfach

> Manchmal sind die Internodien am Bambus recht dick. In diesem Fall können die Röhrchen auch wechselseitig gebündelt werden. Das Insektenhotel erhält dadurch eine gleichmäßigere Form.

- Schneiden Sie die Bambusstäbe auf eine Länge von 15 cm und achten Sie darauf, dass jeweils ein Ende des Bambusröhrchens durch die natürliche Internodie (Halmabschnitte zwischen den Knoten) am Bambusstab verschlossen ist.
- Bohren Sie jetzt mit dem 6-mm-Holzbohrer das weiße Mark aus dem Bambusröhrchen heraus, ohne die Internodie zu durchbohren.
- Glätten Sie danach die Schnittkanten, die durch das Sägen leicht fransig geworden sind, sorgfältig mit dem Sandpapier.
- Nehmen Sie 10–12 Bambusröhrchen und fixieren diese provisorisch mit einem Gummi zu einem gleichmäßigen Bündel. Verwenden Sie nun den verzinkten Draht, den Sie vorne und hinten zwei bis drei Mal um das kleine Bündel wickeln und mithilfe einer Kombizange fest zusammendrehen. Diese Drahtmanschette sollte am vorderen bzw. hinteren Ende der Bambusröhrchen jeweils im Abstand von 3–4 cm angebracht werden. Das Gummi können Sie jetzt wieder entfernen.
- Schneiden Sie nun ein 18 cm langes Stück der kleinen Kette ab und öffnen mit dem Seitenschneider jeweils das erste und letzte Kettenglied.
- Stecken Sie anschließend die geöffneten Kettenglieder in die Drahtmanschetten (vorne und hinten) und drücken Sie sie wieder zu.
- Das fertige Mini-Insekten-Hotel kann nun in mehrfacher Ausführung wettergeschützt im Garten aufgehängt werden. Beobachten Sie, wie rasch die Zimmer ausgebucht sind.

MATERIAL

- Gerade Bambusstäbe 10–12 mm stark
- Verzinkter Bindedraht
- Leichte Metallkette (Gliedergröße 12 mm)

WERKZEUG

- Kleine Bügelsäge (Metallsäge)
- Seitenschneider
- Kombizange
- 6-mm-Holzbohrer extra lang
- Sandpapier

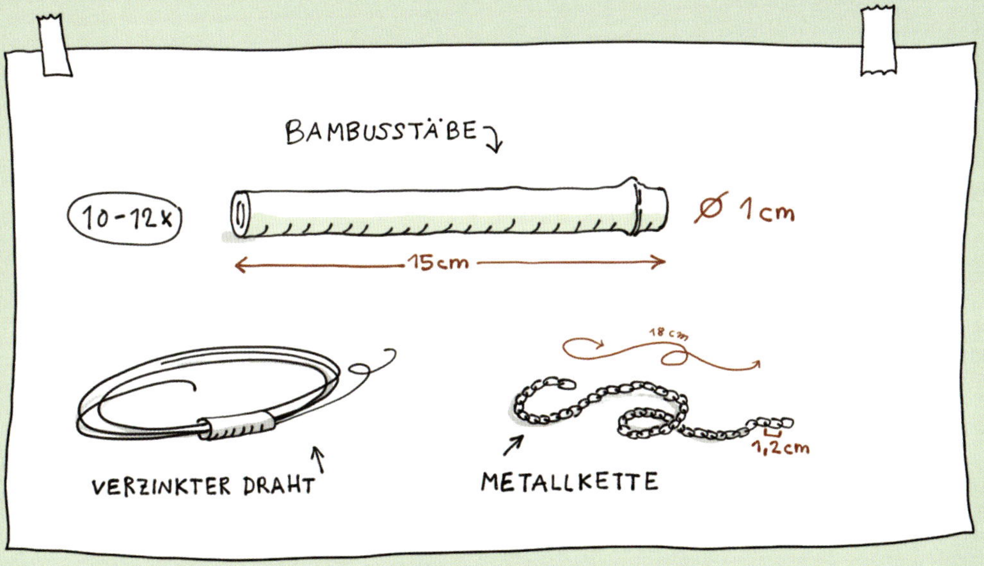
BAMBUSSTÄBE
10-12x
Ø 1cm
15cm
18 cm
1,2cm
VERZINKTER DRAHT
METALLKETTE

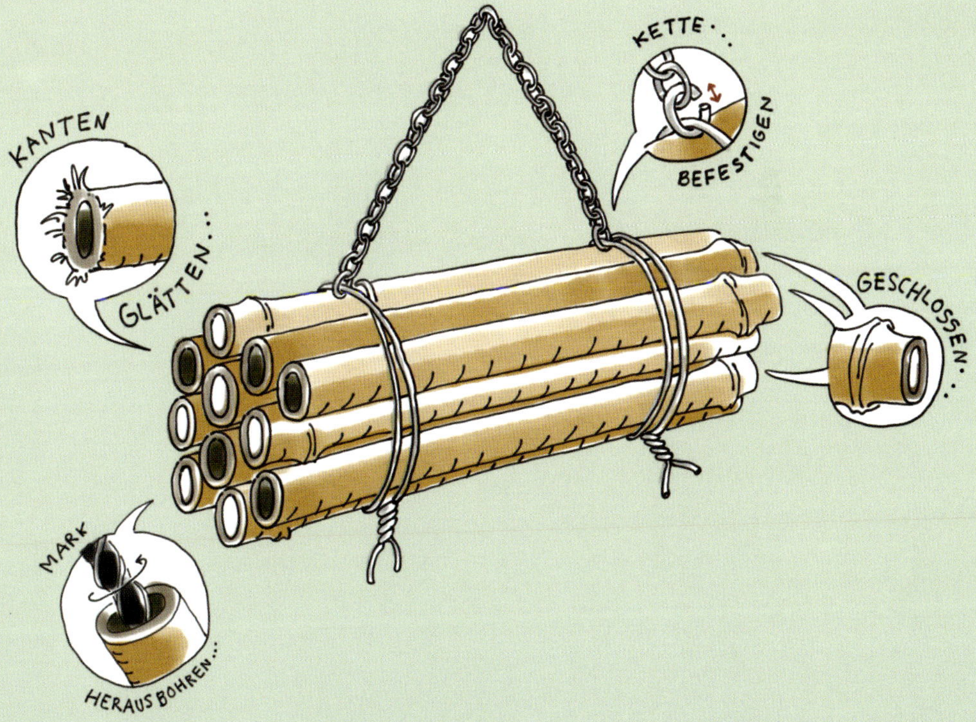
KANTEN
GLÄTTEN...
KETTE...
BEFESTIGEN
GESCHLOSSEN...
MARK
HERAUSBOHREN...

MEISENKNÖDELHALTER

ZEIT
4 Stunden

BAU
einfach

> Streichen oder beschriften Sie die hübsche Meisenknödelhalterung mit verschiedenfarbiger Bio-Lasur. Das sieht lustiger aus und den Meisen gefällt's bestimmt auch.

- Schneiden Sie aus Pappe eine passende Schablone und übertragen Sie die Form samt Aussparung mit einem Bleistift auf die Leimholzplatte. Achten Sie dabei darauf, dass Ihre Form oben einen rechten Winkel hat und davon ausgehend 2 gerade Seiten mit mindestens 12 cm Länge (siehe Zeichnung Seite 109). Die Aussparung sollte etwa 10–12 cm im Durchmesser sein.
- Für die Aussparung bohren Sie mit dem 10-cm-Holzbohrer mittig ein Loch, um die Stichsäge ansetzen zu können. Anschließend sägen Sie die Aussparung und danach die eigentliche Form aus. Die 2 kleinen Halbmonde, die als Landeplatz dienen, fertigen Sie aus den Resten der Leimholzplatte. Nun glätten Sie alle Sägekanten.
- Sägen Sie die Glattkantbretter auf je einer Schmalseite auf Gehrung (45°) und schrauben Sie sie mit je zwei Spannplattenschrauben Stoß an Stoß als Dachkonstruktion an. Vorbohren nicht vergessen.
- Für die Meisenknödelhalterung (Schaschlikspieß) bohren Sie schräg von außen zwei Löcher in die Konstruktion und schieben den Spieß durch.
- Nun sägen Sie noch mit der Stichsäge zwei rechteckige oder halbmondförmige Stücke aus und befestigen diese mit Holzleim am unteren Ende der Snackbar.
- Zuletzt wird die Dachpappe auf das Dach getackert. Als Nässeschutz sollte sie wenigstens 2 cm überstehen. Beim Einschrauben der Ösenschraube achten Sie auf den Sitz der Schraube, die ganze Halterung muss austariert werden, damit sie gerade hängt.

MATERIAL

- 1 Leimholzplatte 1,8 cm stark, 20 x 25 cm
- 1 Glattkantbrett 1,5 x 10 x 15 cm
- 1 Glattkantbrett 1,5 x 10 x 18 cm
- Schaschlikspieß
- Ösenschraube als Aufhängung
- Feine Gliederkette, etwa 1 m lang
- Dachpappenrest
- Bio-Lasuren für den Außenbereich
- Holzleim

WERKZEUG

- Stichsäge
- 3-mm-Holzbohrer extra lang
- 10-mm-Holzbohrer
- Geo-Dreieck

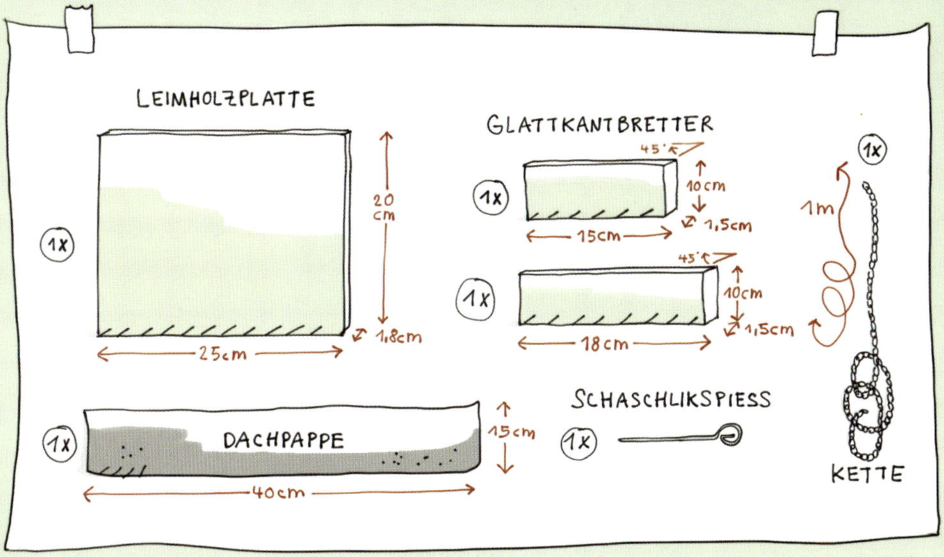
LEIMHOLZPLATTE
1x
20 cm
1,8cm
25cm
GLATTKANTBRETTER
45°
1x
10cm
1,5cm
15cm
45°
1x
10cm
1,5cm
18cm
1x
1m
KETTE
1x
DACHPAPPE
15cm
40cm
SCHASCHLIKSPIESS
1x

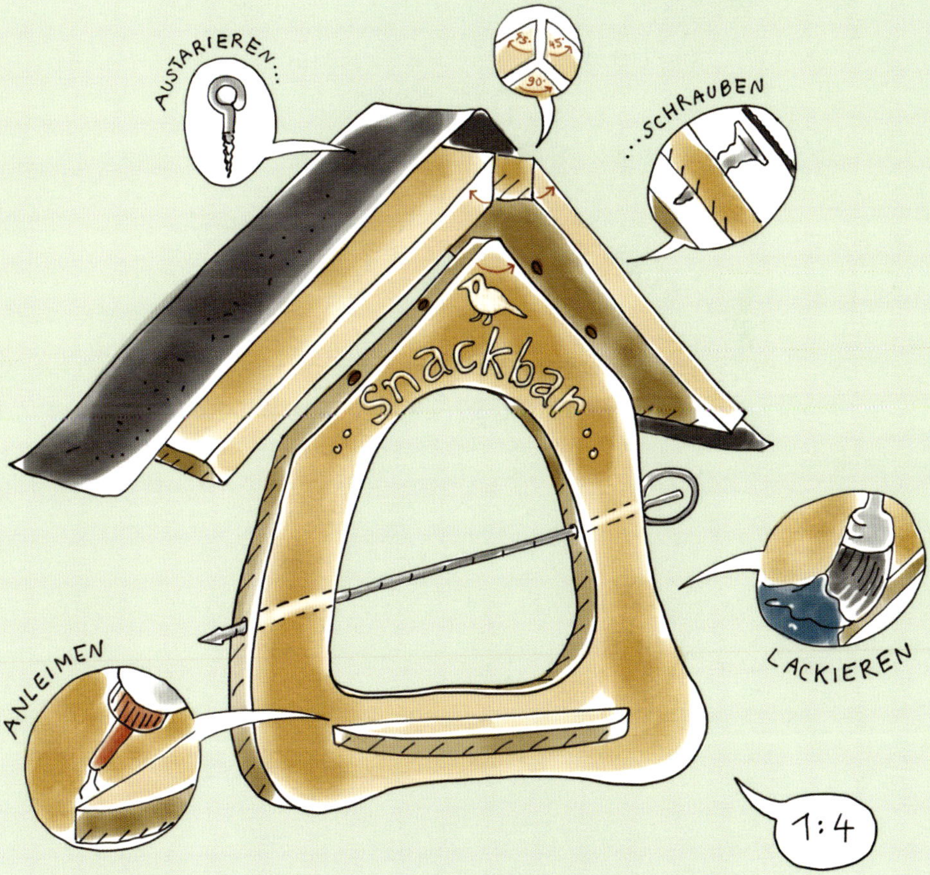
AUSTARIEREN...
45°
45°
90°
...SCHRAUBEN
snackbar
LACKIEREN
ANLEIMEN
1:4

NISTKASTEN FÜR PIEPMÄTZE

ZEIT
3 Stunde

BAU
einfach

MATERIAL

- 2 Glattkantbretter 2 x 20 x 20 cm für die Seitenwände
- 1 Glattkantbrett 2 x 20 x 28 cm für Dach
- 1 Glattkantbrett 2 x 12 x 22 cm für hinten
- 1 Glattkantbrett 2 x 12 x 18 cm für vorne
- 1 Glattkantbrett 2 x 12 x 16 cm für Boden
- 1 Dachlatte 3 x 5 x 45 cm
- 17 Spanplattenschrauben 3 x 40 mm
- 1 Holzdübel geriffelt, 50 mm
- 2 dünne Nägel, 3 cm lang
- Dachpappe

WERKZEUG

- Lochsäge ø 28 mm
- Handkreissäge, notfalls Stichsäge
- 3- und 5-mm-Holzbohrer-Senker
- 2 Schraubzwingen
- Geo-Dreieck

- Markieren Sie zunächst die benötigten Teile mit einem Bleistift auf den Glattkantbrettern und sägen Sie diese mit einer Handkreissäge aus. Die Rückseite und die Vorderseite müssen Sie zusätzlich dem Neigungswinkel der Seitenteile anpassen und entsprechend im Winkel von 12° absägen.
- Der Boden wird vor dem Zusammenbau für eine bessere Durchlüftung 4-mal mit einem 5-mm-Holzbohrer durchbohrt (siehe Zeichnung Seite 111).
- Alle Bauteile werden geschraubt. Daher bohren Sie am besten alle Teile mit dem 3-mm-Bohrer vor und senken die Löcher.
- Zunächst werden die Seitenteile mit der Rückwand verschraubt, anschließend mit dem Boden. Dabei sind Schraubzwingen sehr hilfreich.
- Nun hat der Kasten einen festen Stand und das Dach kann – mit der Rückwand bündig – angeschraubt werden. Dabei ergibt sich an den Seiten ein Überstand von 2 cm.
- Bohren Sie mit der Lochsäge in 14,5 cm Höhe mittig ein ein Einflugsloch in die Vorderseite und bauen Sie die Seite ebenfalls ein. Sie soll nicht fest am Dach anliegen, sondern gut einen halben Zentimeter Spielraum haben: Fixieren Sie die Vorderseite nur mit zwei Nägeln im oberen Bereich. Dadurch ist die Vorderseite beweglich und kann geöffnet werden. Unten steht diese Seite etwa 2 cm über.
- Bohren Sie zuletzt mit einem 5 mm Holzbohrer durch das linke oder rechte Seitenteil bis in das Brett der Vorderseite durch und stecken Sie dann einen 50 mm langen Holzdübel ein. Das verhindert, dass sich das Vorderteil von selbst öffnet. Wenn Sie den Holzdübel etwas herausdrehen, kann man den Nistkasten öffnen und bei Bedarf reinigen.
- Nun muss lediglich noch die Dachlatte auf der Rückseite mit 3 Spanplattenschrauben befestigt werden. Sie steht oberhalb und unterhalb des Nistkastens 12 cm über und ist als Befestigungselement gedacht.
- Ein wenig Dachpappe mit einem geringen Überstand auf der Dachplatte hält den Nistkasten trocken.

Verwenden Sie in jedem Fall einen geriffelten Dübel, der quillt nicht so schnell auf. Befestigen Sie an dem kleinen Holzdübel eine kleine Schnur, dann geht er nicht verloren.

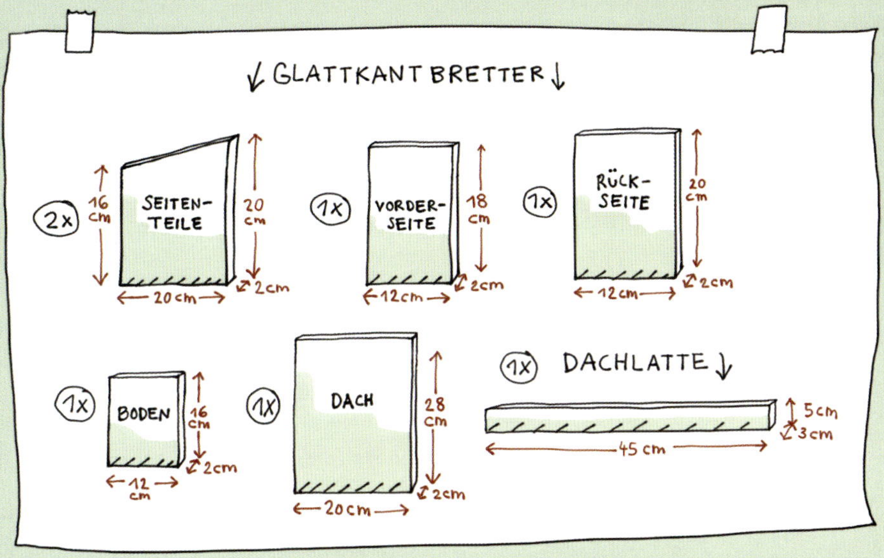
↓ GLATTKANTBRETTER ↓
2x
SEITEN-TEILE
16 cm
20 cm
20 cm
2 cm
1x
VORDER-SEITE
18 cm
12 cm
2 cm
1x
RÜCK-SEITE
20 cm
12 cm
2 cm
1x
BODEN
16 cm
12 cm
2 cm
1x
DACH
28 cm
20 cm
2 cm
1x
DACHLATTE ↓
5 cm
3 cm
45 cm

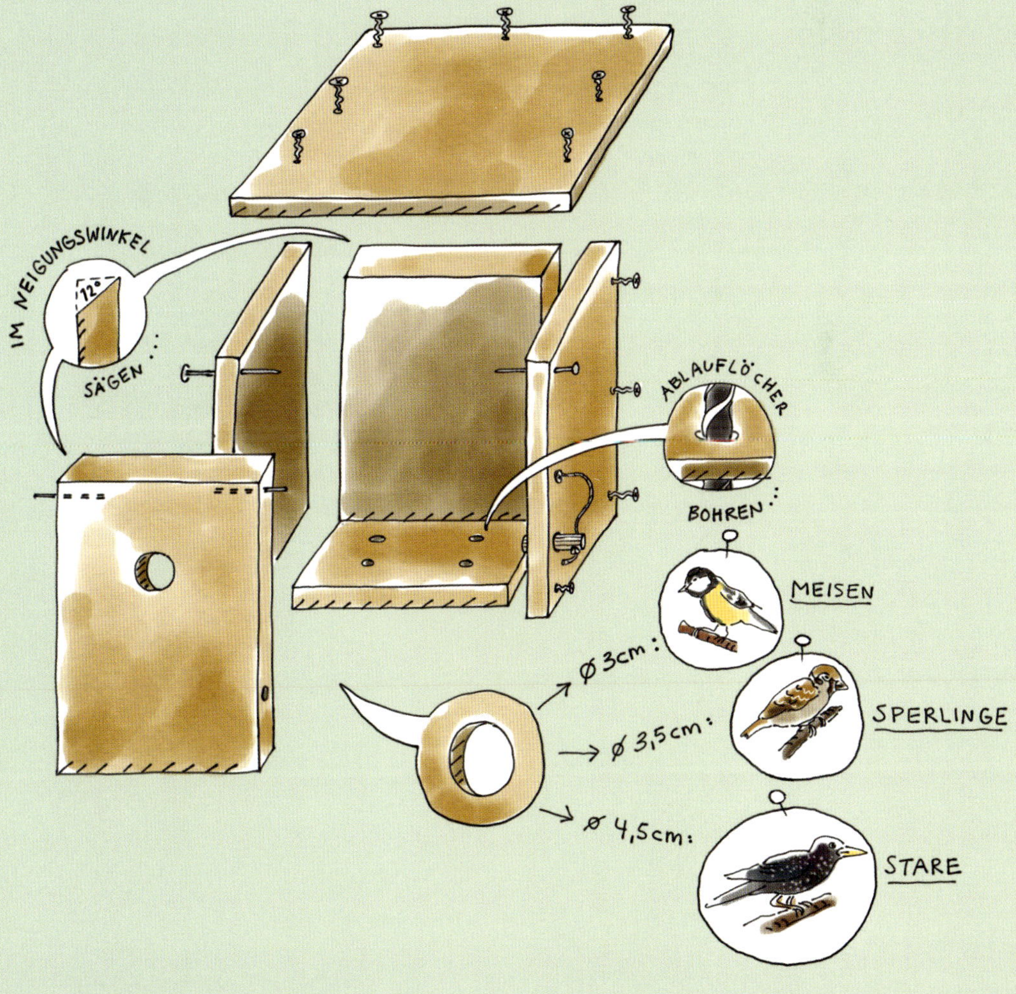
IM NEIGUNGSWINKEL
12°
SÄGEN ...
ABLAUFLÖCHER
BOHREN ...
MEISEN
Ø 3cm :
SPERLINGE
Ø 3,5cm :
Ø 4,5cm :
STARE

WOHL TEMPERIERTES OHRENZWICKERHAUS

ZEIT
1/2 Stunde

BAU
sehr einfach

MATERIAL

- 1 Tontopf ø 10 cm
- Holzwolle
- Kokosgarn
- Bambussplittstäbe
- Wickeldraht

WERKZEUG

- Seitenschneider
- Kombizange
- Heißklebepistole

- Besorgen Sie sich einen neuen 10-cm-Tontopf.
- Fädeln sie ein etwa 20 cm langes Stück Kokosgarn durch die Öffnung am Boden und verknoten Sie es so, dass es nicht mehr durchrutschen kann.
- Verkleben Sie das Kokosgarn dann mit der Heißklebepistole an der Bodenöffnung, damit der Topf weitgehend verschlossen ist und kein Regenwasser eindringen kann.
- Mit dem anderen Ende des Kokosgarns bilden Sie eine etwa 8–10 cm lange Schlaufe und binden diese mit Wickeldraht zusammen.
- Füllen Sie nun die Holzwolle in den Topf. Sie sollte locker eingesetzt und nicht gepresst werden.
- Schneiden Sie zwei 10 cm lange Bambussplittstäbe zurecht und spannen diese vorsichtig – unter Spannung – kreuzweise über der Holzwolle in den Topf, um sie leicht zu fixieren.
- Die Behausung ist nun fertig und kann an der Kokosgarnschlaufe in einem Baum aufgehängt werden.

Bauen Sie gleich mehrere solcher Behausungen, die Sie an unterschiedlichen Stellen im Garten aufhängen. Gegen einen Anstrich ihrer Wohnstätte haben die Ohrenzwicker nichts einzuwenden. Allerdings sollten dann lösungsmittelfreie Farben verwendet werden.

10cm
HOLZWOLLE
KOKOSGARN
1x
TONTOPF
BAMBUSSPLITTSTAB

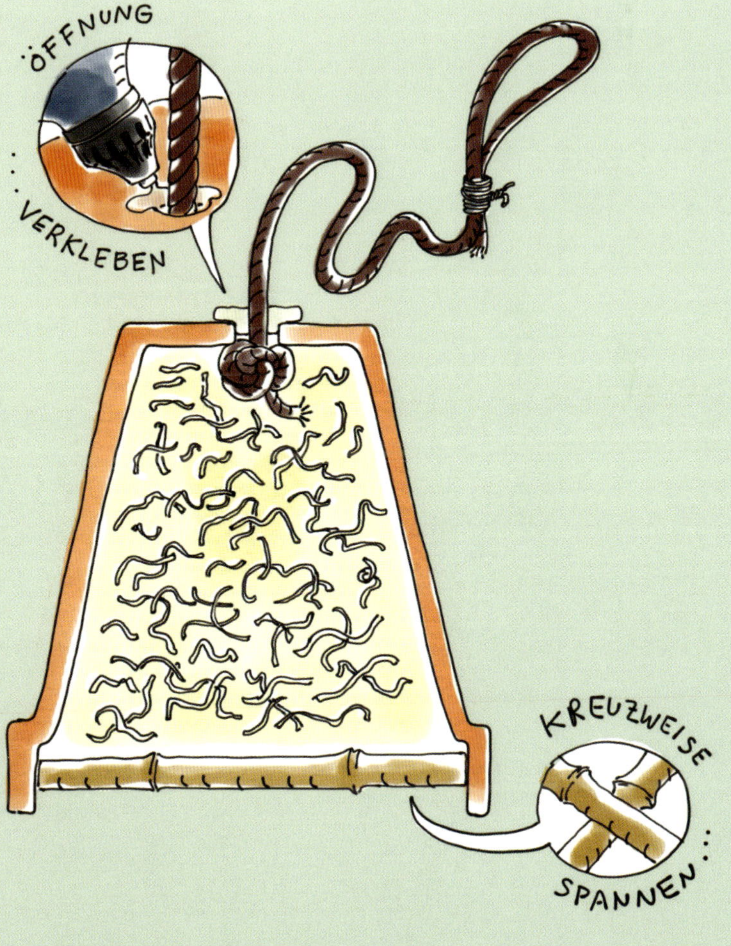
ÖFFNUNG
VERKLEBEN
KREUZWEISE
SPANNEN

BEHAGLICHES IGELQUARTIER

ZEIT
3 Stunden

BAU
einfach

MATERIAL
- Leimholzplatte (Kiefer) 1,8 x 40 x 200 cm:
- 30 x 35 cm für die Seitenwände
- 46 x 46 cm für Dach
- 40 x 30 cm für hinten
- 40 x 35 cm für vorne
- 26,4 x 35 cm für Zwischenwand
- Holzleim
- 16 Spanplatten-schrauben 3 x 35 mm
- 2 Tischbänder 25 x 60 mm mit kurzen Schrauben

WERKZEUG
- Tisch-/Handkreissäge
- Stichsäge
- Dachpappenrest
- Tacker
- Sandpapier

- Zeichnen Sie zunächst die benötigten Einzelteile (wie in der Zeichnung angegeben) mit einem Bleistift auf die Leimholzplatte auf und sägen Sie diese dann mit einer Tisch- oder Handkreissäge aus.
- Die vordere Kante der Vorderseite wird den Seitenteilen angepasst und erhält ebenfalls eine Schräge von 10°.
- Aus dem Brett der Vorderwand und dem Brett für die Zwischenwand sägen Sie zusätzlich jeweils eine Aussparung mit Bogen. Die Aussparung, die jeweils linksbündig angebracht wird, ist 12 cm breit, die Höhe der Bogenmitte beträgt 10 cm, der Kreissägenradius 6 cm.
- Bohren Sie nun alle Bauteile mit einem dünnen 3-mm-Holzbohrer vor und mit einem 5-mm-Holzsenker nach.
- Anschließend schleifen Sie die Bohrungen kurz von Hand mit dem Sandpapier.
- Tragen Sie auf alle zu verschraubenden Kanten den Holzleim dünn auf und stellen Sie die Igelbehausung provisorisch auf das „Dach“ des Hauses, um so den rechten Winkel des Gebäudes zu gewährleisten. Die Seitenteile werden dafür von außen auf die Vorder- und Rückwand aufgesetzt.
- Beginnen Sie jetzt mit dem Verschrauben und achten Sie auf einen geraden Sitz der Schrauben. Die Zwischenwand sollte im ersten Drittel mit der Öffnung in Richtung Rückwand fixiert werden, sobald die Außenwände verschraubt sind. Das nach unten offene Igelhaus ist fast fertig.
- Nun legen Sie das Dach auf – bündig abschließend mit der Rückwand und mit seitlichem Überstand von 1,2 cm –, schrauben die kleinen Scharniere an und befestigen den zweiten Teil der Scharniere an der senkrechten Rückwand. An dem Überstand kann das Häuschen bequem zu Kontrollzwecken geöffnet werden.
- Ein kleines Stück Dachpappe über die gesamte Breite der Dachfläche getackert, schützt die Behausung vor Witterungseinflüssen.

Stellen Sie das Igelhaus im Halbschatten und ein wenig geschützt auf, durchaus aber so, dass Sie den Einwohner beobachten können.

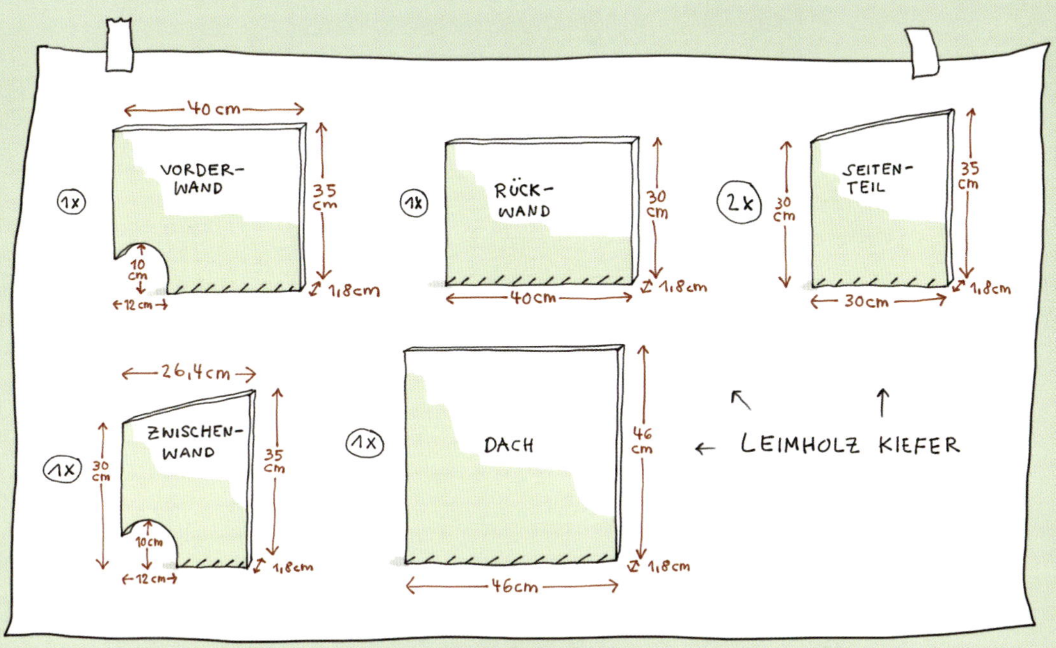

1x
VORDER-WAND
40 cm
35 cm
10 cm
12 cm
1,8 cm
1x
RÜCK-WAND
30 cm
40 cm
1,8 cm
2x
SEITEN-TEIL
30 cm
35 cm
30 cm
1,8 cm
1x
ZWISCHEN-WAND
26,4 cm
30 cm
35 cm
10 cm
12 cm
1,8 cm
1x
DACH
46 cm
46 cm
1,8 cm
LEIMHOLZ KIEFER

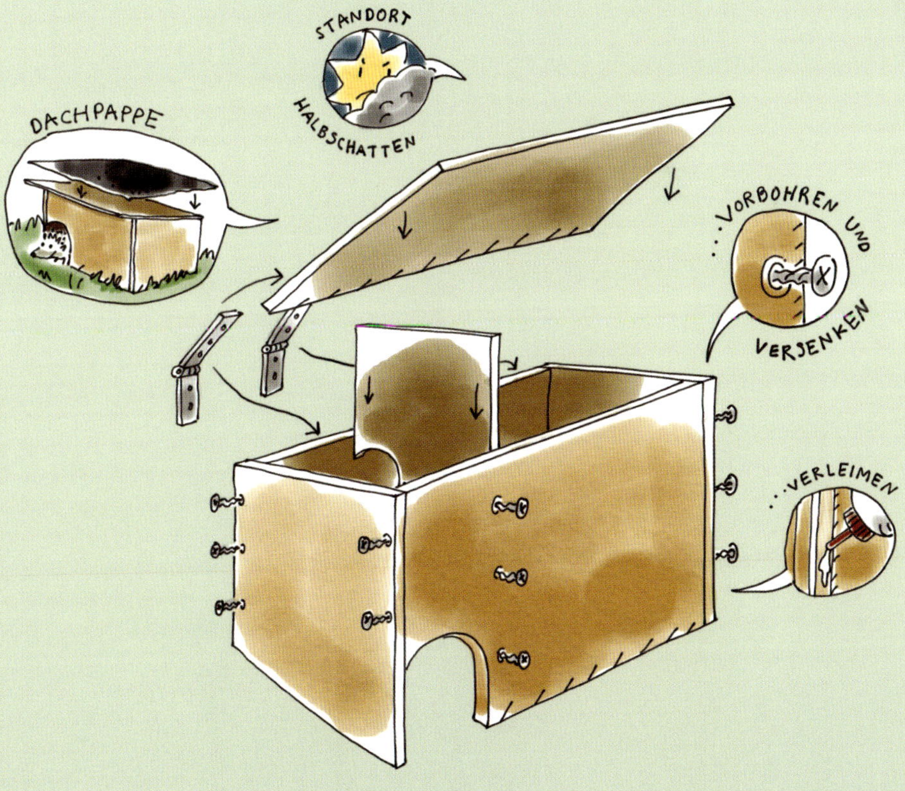

STANDORT
HALBSCHATTEN
DACHPAPPE
...VORBOHREN UND VERSENKEN
...VERLEIMEN

DOMIZIL FÜR FLEDERMÄUSE

ZEIT
2 Stunden

BAU
einfach

- Zeichnen Sie zunächst die benötigten Einzelteile (wie auf der Zeichnung angegeben) mit einem Bleistift auf die Leimholzplatte und sägen Sie die Teile anschließend mit einer Handkreissäge aus.
- Die beiden Seitenteile des Fledermausdomizils sind oben 4 cm breit und unten 7 cm breit und müssen schräg gesägt werden, sodass sich zwei Längenmaße ergeben: Die Kante, die mit der Rückwand abschließt, ist 28 cm lang, die Kante, auf der die Vorderseite fixiert wird, ist 27 cm lang. Dadurch ergibt sich ein 75°-Winkel, den Sie ebenfalls sägen müssen (siehe Zeichnung rechts).
- Deshalb müssen Sie auch die oberen Ränder von Rück- (75°) und Vorderwand (68°) leicht anschrägen.
- Stellen Sie die Kreissäge danach so ein, dass das Sägeblatt nur noch 2–2,5 mm aus der Säge herausschaut. Nun klemmen Sie die Rückwand des Fledermauskastens fest ein, fahren im Abstand von jeweils 2 cm quer zur Holzmaserung mit der Säge durch die Platte und hinterlassen dabei eine kleine Rille. Die Rillen helfen den Fledermäusen, dass sie sich beim Anflug und im Inneren ihrer Behausung festkrallen können.
- Die Löcher für die Schrauben werden wie auf der Zeichnung vorgebohrt und die Einzelteile danach zusammengeschraubt.

MATERIAL

- Leimholzplatte (Fichte) 40 cm breit, 100 cm lang, 2 cm stark:
- 36 x 12 cm für Dach
- 24 x 40 cm für hinten
- 28 x 29 cm für vorne
- 2 Fichtenbretter 2 x 7 x 28 cm für die Seitenwände
- 1 Dachlatte (gehobelt) 2 x 3 x 20 cm (zur Verengung der „Einflugschneise“)
- 2 Dachlatten 2 x 3 x 60 cm
- 25 Spanplattenschrauben 3 x 45 mm
- Sisalband
- Dachpappenrest

WERKZEUG

- Handkreissäge
- Tacker
- Geo-Dreieck

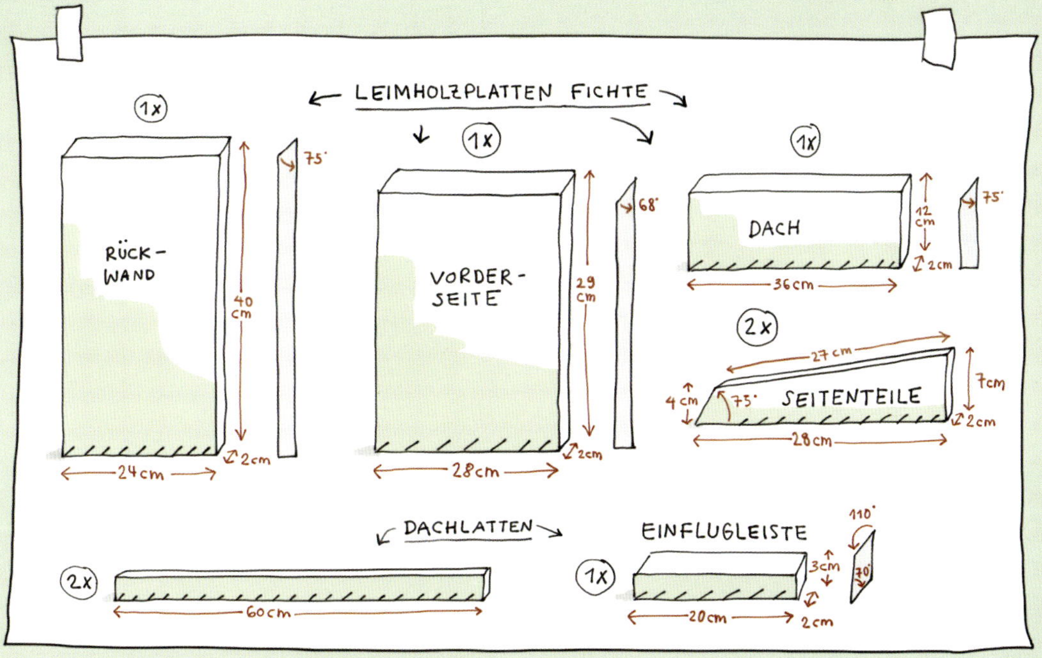
LEIMHOLZPLATTEN FICHTE
1x
RÜCK-
WAND
40 cm
75°
24cm
2cm
1x
VORDER-
SEITE
29 cm
68°
28cm
2cm
1x
DACH
12 cm
75°
36cm
2cm
2x
27cm
7cm
4cm
75°
SEITENTEILE
28cm
2cm
DACHLATTEN
2x
60cm
EINFLUGLEISTE
1x
3cm
20cm
2cm
110°
70°

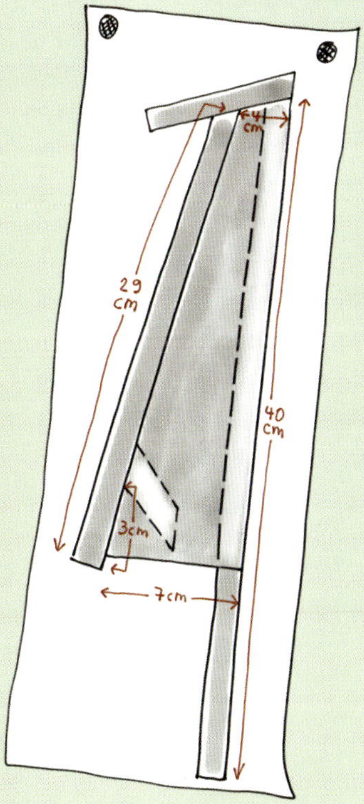
4 cm
29 cm
40 cm
3cm
7cm

- Als Erstes schrauben Sie die Seitenteile an die Rückwand.
- Die 20 cm lange Dachlatte muss noch in die vorgegebene Form gebracht werden. Dies geschieht mittels Hobel oder entsprechend eingestellter Handkreissäge, die auf einem Tisch fixiert ist. Danach schmirgeln Sie alle Kanten mit feinem Sandpapier. So kann die „Einflugschneise“ gefahrlos passiert werden.
- Anschließend befestigen Sie die Einflugleiste an der Innenseite der Vorderwand, parallel zur Unterkante im Abstand von 3 cm. Dann wenden Sie die Vorderwand und befestigen sie auf den Kanten der Seitenteile.
- Nun schrauben Sie das Dach so an, dass es bündig mit der Rückwand abschließt und an den Seitenteilen jeweils 4 cm übersteht.
- Nach dem Zusammenbauen dürfen zwischen Dach und umliegenden Bauteilen keine Spalten bleiben, denn Fledermäuse mögen keinen Durchzug. Für Abhilfe sorgt ein Sisalband.
- Ein kleiner Dachpappenrest auf dem Dachbrettchen gewährleistet eine trockene Behausung.
- Zum Schluss schrauben Sie die 2 langen Dachlatten auf die Rückseite des Kastens. Sie sollten oben und unten etwa 10 cm überstehen, denn sie dienen als Wandhalter.

Fledermauskästen hängt man am besten geschützt in Bäumen mindestens drei Meter Höhe auf. Sonnige Plätze sind nicht geeignet.

4cm
4cm
3cm
UMDREHEN UND
SPALTEN ...
ABDICHTEN
... VORBOHREN
2-2,5mm
2cm
MASERUNG
ANTI-RUTSCH-RILLEN ...

SERVICE

BEZUGSQUELLEN UND ADRESSEN

WERKZEUG UND MATERIAL

Beinahe alles, was Sie zum Bauen und Basteln brauchen, bekommen Sie im Baumarkt. Manche Bauteile sind Sammlerstücke, die Sie auf (Internet-)Flohmärkten erbummeln können.

Seien Sie einfach mutig und trauen Sie sich Alltagsgegenstände umzunutzen. Ganz nach Lust und Laune. Ihrer Fantasie sind dabei keine Grenzen gesetzt.

PFLANZEN UND SAATGUT

- Rühlemann's Kräuter & Duftpflanzen
  Auf dem Berg 2, 27367 Horstedt
  info@kraeuter-und-duftpflanzen.de
  www.kraeuter-und-duftpflanzen.de
  Selten gewordene Kräuter und Gartenpflanzen

- Dreschflegel GbR
  Postfach 1213, 37202 Witzenhausen
  info@dreschflegel-saatgut.de
  www.dreschflegel-saatgut.de
  Saatgut, Schaugarten und gute Beratung

- Staudengärtnerei Gaißmayer
  Jungviehweide 3
  89257 Illertissen
  info@gaissmayer.de
  www.gaissmayer.de
  Schaugarten und Biokräuter

ZUM WEITERLESEN

- Boomgaarden, Heike, Oftring, Bärbel, Ollig, Werner: Natur sucht Garten. 35 Ideen für nachhaltiges Gärtnern. Verlag Eugen Ulmer, Stuttgart, 2011.
- Hagen, Peter: Teichbau und Teichtechnik. Verlag Eugen Ulmer, 6. Aufl. Stuttgart, 2016.
- Gastl, Markus: Ideenbuch Nützlingshotels. Für Igel, Vögel, Käfer und Co. Verlag Eugen Ulmer, Stuttgart, 2015.
- von Orlow, Melanie: Ideenbuch Nützlingshotels. 30 Nisthilfen einfach selbst gebaut. Verlag Eugen Ulmer, Stuttgart, 2013.
- Parfitt, David: Baumhäuser. Fantasiewelten selbst gebaut. Verlag Eugen Ulmer, Stuttgart, 2013.
- Schweizer, Holger H.: Das neue große Heimwerkerbuch. Geräte, Techniken, Materialien. Verlag Eugen Ulmer, Stuttgart, 2016.
- Tinz, Sigrid: Ideenbuch Vogelhäuschen. Stilvolle Nistkästen, Futterhäuser und Tränken. Verlag Eugen Ulmer, Stuttgart, 2014.

REGISTER

B

Bambus 106
Bambus-Platte 42
Bank rund um den Baum 48
Baudiele 10
Beeteinfassung aus Weidenruten 72
Bio-Lasur 108
Bolzenschneider 70
Bretter 10
Bretterzaun 18
Brombeerstütze 64
Buchenplatte 42

E

Eichenholzkübel 36
EU-Einwegpaletten 88

F

Farbe 11
Fledermausdomizil 116
Frühbeet belüften 66
Frühbeetkasten, Abdeckung für 66
Frühbeettunnel 86
FSC-Siegel 10
Fuchsschwanz 9

G

Gartentor 22
Gartenwerkzeugkasten 100
Gehrungsschneidlade 9
Getränkedepot 52

H

Hochbeet 84
Holz 10
Holzbohrer 9
Holzkauf 10
Holzlasur 20
Holzzuschnitt 9

I

Igelquartier 114
Insektenhotel 106

K

Kanthölzer 10
Kappsäge 9
Klapptisch 40
Klettergerüst 60
Kletterpflanzen, einjährige 60
Komposter 88
Kräuter 80
Kräutergarten 78
Kräuterspirale 80

L

Lacke auf Acrylbasis 12
Lasur 11
LED-Bodenstrahler 34
Leimholzplatte 10

M

Meisenknödelhalter 108
Metallbohrer 9
Miniteich im Fass 36
Miniteich mit Foliendichtung 80

N

Nässeschutz für Tierbehausung 108
Nistkasten 110
Nützliches für die Gartenarbeit 57,103

O

Ohrenzwickerhaus 112

P

Paletten-Kräuterwand 78
Paletten-Topfpflanzengarten 76
Pflanztisch 94
Pickel 8
Polypropylenseil 68

R

Rankgitter 64
Rankhilfe 60
Rebstöcke 62
Rechen 8
Regenwassersammler 90
Richtlatte 9

S

Saatgutbox 98
Säge 9
Schaufel 8
Schlauchumlenker 74
Schlauchverbindungen 90
Schraubensenker 9
Schraubstock 74
Schubkarre 8
Schutz vor Ernteräubern 70
Sichtschutz 44
Sitzgelegenheiten 46
Sitzplatz 46
Spanplattenschrauben 11
Spaten 8
Spezialwerkzeug 9
Staudenstütze 62

T

Terrasse 32
Terrassendielen 34
Torbogen 26
Torx-Edelstahlschrauben 11
Trennschleifer 74

V

vertikalern Garten 78

W

Wasserbad 28
Wasserhahn 90
Wasserwaage 9
Wegbeläge 30
Weidenruten 44
Weinkiste 98
Weinreben 62
Weithalsfass 54
Werkzeug 8
Wetterschutz für Tomaten 68
Wildverbisszaun 64
Winkel aus Metall 9
Winkeleisenbefestigung 46

Z

Zaunlatten 24

BILDQUELLEN

FSC Deutschland: Seite 10
KIRAYONAK YULIYA/Shutterstock.com: Seite 56
mauritius images: Seite 6, 9, 11, 102
SIAATH/Shutterstock.com: Seite 118
Sugarless/Shutterstock.com: Seite 13
Victor Grow/Shutterstock.com: Seite 14
Wagner, Petra: Bild Peter Hagen, hintere Klappe oben
Privat: Bild Susanne Dinkel, hintere Klappe unten
Alle Zeichnungen erstellte Susanne Dinkel, Reutlingen.

IMPRESSUM

Die in diesem Buch enthaltenen Empfehlungen und Angaben sind vom Autor mit größter Sorgfalt zusammengestellt und geprüft worden. Eine Garantie für die Richtigkeit der Angaben kann aber nicht gegeben werden. Autor und Verlag übernehmen keinerlei Haftung für Schäden und Unfälle.Bitte setzen Sie bei der Anwendung der in diesem Buch enthaltenen Empfehlungen Ihr persönliches Urteilsvermögen ein. Der Verlag Eugen Ulmer ist nicht verantwortlich für die Inhalte der im Buch genannten Websites.

Bibliografische Information der Deutschen Nationalbibliothek
Die Deutsche Nationalbibliothek verzeichnet diese Publikation in der Deutschen Nationalbibliografie; detaillierte bibliografische Daten sind im Internet über http://dnb.d-nb.de abrufbar.

Das Werk einschließlich aller seiner Teile ist urheberrechtlich geschützt. Jede Verwertung außerhalb der engen Grenzen des Urheberrechtsgesetzes ist ohne Zustimmung des Verlages unzulässig und strafbar. Das gilt insbesondere für Vervielfältigungen, Übersetzungen, Mikroverfilmungen und die Einspeicherung und Verarbeitung in elektronischen Systemen.

© 2017 Eugen Ulmer KG
Wollgrasweg 41, 70599 Stuttgart (Hohenheim)
E-Mail: info@ulmer.de
Internet: www.ulmer-verlag.de
Lektorat: Doris Kowalzik
Herstellung: Gabriele Wieczorek
Umschlagentwurf: Michaela Mayländer, Stuttgart
Satz: Atelier Reichert, Stuttgart
Druck und Bindung: Westermann Druck, Zwickau
Printed in Germany

ISBN 978-3-8001-3391-8

Gartengestaltung selbst gemacht!

- Das Praxisbuch zum planen und kalkulieren
- Detaillierte Kosten-übersichten
- Anschauliche Zeichnungen zum einfachen Nachvollziehen

Der neue große Gartenplaner.
Planen, entwerfen, kalkulieren.
Peter Wirth (Hrsg.). 2015. 432 Seiten,
232 Farbfotos, 164 farbige Zeichnungen,
50 Tabellen, geb. ISBN 978-3-8001-8383-8.

Mit diesem Ratgeber gelingt Ihre Gartenplanung garantiert. Planen und entwerfen Sie Ihren Garten mit Hilfe von Beispielen zur Gestaltung, Zeichnungen und Kostenübersichten. Verwirklichen Sie Ihre Ideen und Heimwerker-Projekte: Gartenwege, Sitzplätze und Terrassen anlegen, Treppen, Zäune, Gartenmauern und Sichtschutz errichten, den Vorgarten neu gestalten, einen Carport selber bauen oder einen Gartenteich anlegen. Erfahren Sie, wie Sie Ihre Bewässerung optimieren und wie Sie die Beleuchtung effektvoll anlegen. Dieses Buch zeigt Ihnen, worauf Sie bei der Gartenplanung achten und mit welchen Kosten Sie rechnen müssen.

www.ulmer.de Ulmer

Gärtnern macht glücklich.

- **Umfassendes Gartenwissen einfach erklärt**
- **Nutz-, Zier- und Wassergarten in einem Buch**
- **Mit praktischem Arbeitskalender**

Das große Ulmer Gartenbuch.
Wolfgang Kawollek.
5., aktualisierte Auflage 2016.
608 Seiten, 722 Farbfotos, 250 Farbzeichnungen, 50 Tabellen, geb.
ISBN 978-3-8001-0336-2.

Dieses Buch begleitet Sie zuverlässig durch den Gartenalltag und verleiht jedem Hobbygärtner einen grünen Daumen. Es zeigt Ihnen alles, was Sie für die erfolgreiche Planung, Anlage und Pflege Ihres Gartens wissen müssen. Vom Ziergarten mit Gehölzen, Rosen, Stauden, und Sommerblumen über den Obst-, Gemüse- und Kräutergarten bis hin zum idyllischen Gartenteich und einem gepflegten Rasen. Erfahren Sie alles über Düngung, Kompost, Schnitt und Pflege. Die anstehenden Arbeiten werden kompetent und leicht verständlich erläutert und mehr als 1.000 Pflanzenarten, die besonders gut für den Haus- und Kleingarten geeignet sind, beschrieben.

Ulmer **Ganz nah dran.**